EN SILENCIO

LA MIRADA INTERIOR

ExLibric

TOMÁS MARTÍNEZ DE ANCA

EN SILENCIO
LA MIRADA INTERIOR

EXLIBRIC
ANTEQUERA 2024

EN SILENCIO. LA MIRADA INTERIOR
© Tomás Martínez de Anca
© de la imagen de cubiertas: Artto Studio
Diseño de portada: Dpto. de Diseño Gráfico Exlibric

Iª edición

© ExLibric, 2024.

Editado por: ExLibric
c/ Cueva de Viera, 2, Local 3
Centro Negocios CADI
29200 Antequera (Málaga)
Teléfono: 952 70 60 04
Fax: 952 84 55 03
Correo electrónico: exlibric@exlibric.com
Internet: www.exlibric.com

ISBN: 978-84-10297-38-8
Depósito Legal: MA 2132-2024

Impresión: PODiPrint
Impreso en Andalucía – España

Nota de la editorial: ExLibric pertenece a Innovación y Cualificación S. L.

TOMÁS MARTÍNEZ DE ANCA

EN SILENCIO

LA MIRADA INTERIOR

«Está bien», te dije en la intimidad del silencio,
«si es tu deseo, me conducirás en este viaje».

Aquel grito desgarrador en medio del llanto
me rompió el corazón.
Sin embargo, fue fruto del amor de Dios.

A mi hijo Víctor.

Presentación

Tienes en tus manos un libro que comparte un camino de autoobservación, de búsqueda. No es un camino ya terminado. El camino que recorre Tomás es de una práctica constante, diaria, momento a momento, un camino que no finaliza, ya que es una manera de vivir.

Ese camino nos muestra los distintos escenarios donde Tomás ha cruzado el puente. Su vida, nuestra vida si así lo deseamos, está más enfocada en ir más allá de lo aprendido, de lo pensado, de lo sentido, de las apariencias. Y ese puente nos lleva desde el conflicto a la paz, desde el miedo a la confianza, desde la resistencia a la rendición y la aceptación. En un lenguaje coloquial y claro, él nos comparte todas las veces que ha hecho ese tránsito. En la enfermedad, en las rupturas familiares, en los cambios laborales, en las relaciones conflictivas. Y todo expresa ese continuo sentir y soltar lo que no le aporta paz.

Tomás nos muestra cuál ha sido su vehículo constante. El silencio le ha acompañado en todos esos procesos de vida. El silencio ha sido su ayudante fiel, su refugio para descansar de las tormentas emocionales, de los pensamientos repetitivos y de las miradas victimistas hacia sí mismo y hacia los demás. Ese silencio, al que cada día acudía y acude, no para resolver o mejorar nada, sino para descansar del mundo, es el espacio amplio donde soltar y descansar de la incertidumbre y el miedo.

Un buscador que encuentra es un buscador que descansa en el camino, un buscador que sabe con certeza que no hay nada que conseguir sino abrirse a todo lo que llega, a aceptar lo que la vida nos da para ayudarnos a vaciar nuestra mochila de lo aprendido, para despojarnos de aquello que nos impide estar en armonía con todo. Tomás, desde muy joven, fue un buscador, recorrió muchos caminos, muchas enseñanzas, y ahora su práctica diaria está totalmente enfocada y sostenida, tanto en la forma como en lo más profundo.

Acompañé a Tomás en una parte de ese camino, recorrimos juntos todas las cuevas de la mente, observamos con inocencia todo lo que salía de ahí para, por fin, vivir en inocencia y aceptación cualquier expresión tanto suya como las de los que le acompañaban en su mundo.

Acompañarle fue fácil y agradable, ya que su voluntad de liberarse era muy clara y anhelada, y su apertura a mirar y soltar tenía pocas resistencias; y, cuando las había, no exigía mucho tiempo para observarlas y soltarlas. Su deseo profundo era una inmensa herramienta de aprendizaje y liberación. Y su confianza en los que le acompañábamos hacía ligero el camino, apareciendo en el horizonte los efectos de una apertura a recibir y a «dejarse llevar».

Lee estas páginas abriendo tu mente y corazón a algo que a simple vista puede resultar extraño en un profesional farmacéutico. Y es que hay profesiones para el mundo y hay vocaciones y anhelos profundos y deseosos de expresarse. Tomás es expresión de ese anhelo, con todo lo que ello conlleva y que no es ni más ni menos que cruzar los puentes cuando se ponen frente a nosotros.

Gracias, Tomás, por recordarme en nuestros encuentros, y recordarnos, ahora con este texto, que otra mirada es posible.

Agustín Casado Ollero.

agustin@escueladelperdon.org

Facilitador y tutor de la Escuela del Perdón.

www.escueladelperdon.org

Prólogo

Cuando tomas una decisión no puedes imaginar lo que te va a cambiar la vida.

En los primeros días de marzo de 1992 estaba casado con Victoria, la madre de mi hijo Víctor, desde hacía poco más de un par de meses. Aquella tarde había aceptado la visita de una persona que me recomendaba escuchar mi amiga Mercedes. La verdad es que mi amiga solía proponerme todo tipo de actividades ajenas a mi trabajo y ya se hacía un poco pesada. Todos solemos tener en nuestra experiencia vital a alguien así. A pesar de que normalmente me hubiera negado a la reunión, en aquella ocasión acepté y se podría decir que todo comenzó así.

Después de que aquella persona, de nombre Juan Carlos, nos hiciera una larga presentación sobre un gran negocio de *marketing* multinivel y de la típica conversación social, aceptamos integrarnos en su red de vendedores. Victoria no se sentía feliz dependiendo de mí y yo me comprometí a colaborar con ella en sacar ese negocio adelante, que sería de su titularidad, y con el que se sentiría independiente. Yo tenía mi propio negocio y era más que suficiente, pero también quería que ella fuera feliz en la forma que deseaba. Lo relevante de esta historia es que me llevó a algo que hoy es muy común pero en 1992 sonaba a secta o una «americanada»: el desarrollo personal y los libros de autoayuda.

Esos primeros libros que leí me fascinaron tanto que comenzó una carrera sin cuartel por las pocas librerías donde conseguirlos. La estructura comercial de aquel negocio también nos facilitaba algún ejemplar, listado de libros recomendados, librerías donde poder comprarlos y algo increíble para mí esos días: cintas de casete con conferencias motivadoras. Con el paso de los meses, mi colección se hizo enorme y se convirtieron en mi compañía durante muchas horas del día mientras hacía otras cosas. Escucharlas me hacía sentirme, por primera vez, algo más de lo que veía al mirarme al espejo. Además organizaban reuniones periódicas más o menos numerosas cuyos mensajes principales no eran diferentes a los que escuchaba en las cintas o leía en los libros, pero con el condimento del ambiente intenso del grupo. De aquellos días el recuerdo principal que tengo es descubrir que existía cierta magia en cada uno de nosotros, algo que sugería un aspecto espiritual que entonces me costaba definir como tal porque asociaba lo espiritual a lo religioso y no parecía correcto asociarlo a un mero deseo de hacer dinero mediante una red de ventas y consumo.

Un buen día me hablaron de Tony Robbins, que estaba impartiendo un curso en Madrid, y de cómo, haciendo alusión de alguna manera a eso que no quería yo considerar como espiritual, tras una semana encerradas en un hotel, las personas acababan caminando sobre ascuas. ¿Cómo era eso posible? Me quedé con las ganas de comprobarlo. No muchos días después, la casualidad, no, el guion ya escrito, me llevó a conocer el método José Silva de control mental y un lugar donde la viuda de su discípulo, Teo

Sevilla, impartía la formación en la que te esperaba —así te lo decían— un momento mágico en la última sesión que no podrías revelar por el bien de los futuros alumnos. Y si a mí me lo hubieran dicho, creo que habría desistido de hacerlo: hay que hacer el recorrido. Fiel a aquel consejo, no te diré nada más, pero te puedo asegurar que la experiencia es de aquellas que te rompen por completo muchas ideas y conceptos acerca de lo que es la realidad. Por supuesto, pude asistir más veces al curso como colaborador para esa sesión última especial donde acompañar a otras personas en la experiencia y disfrutar de aquello que se repetía una y otra vez con los asistentes al curso teniendo experiencias similares a la mía, y que yo, por tanto, no era nada especial. Haría la historia muy larga si te contase más experiencias con aquellas personas, pero te diré que me apunté al grupo que llamaron Dimensión Alfa y comencé a asistir a sesiones que se iniciaban con un rato de meditación y que impartían en una pequeña sala de Madrid, a la que acudía con frecuencia conduciendo los ciento treinta kilómetros que me separaban, para volver bien entrada la noche. En realidad, con estas personas aprendí y comencé a meditar.

Así que comenzar a meditar con alguna frecuencia tras esos días empezó a ser una costumbre. Más libros, grabaciones de meditaciones del padre claretiano Nicolas Caballero, un místico de este tiempo con el que hice mi primer retiro de silencio, y, en fin, todo lo que sigue en las páginas de este libro. En realidad, cómo desde aquel 1992, con apenas treinta y tres años, he transitado esta vida, al principio de vez en cuando, hoy una o varias veces al día, estando en silencio, siendo silencio.

No ha sido fácil escribir el libro, había una llamada en silencio a hacerlo y un enorme temor humano a escribir sobre un tema que tiene grandísimos autores cuyos libros descansan en las baldas de mi biblioteca. ¿Qué podía yo decir respondiendo a esa voz interior que llegaba a mi intimidad sesión tras sesión de meditación? La respuesta fue clara: que me dejase llevar y hablase de mi historia. Y en el día a día surgieron enormes resistencias a continuar, párrafo tras párrafo, contando lo que iba surgiendo al hilo de la historia de mi experiencia vital desde que empecé a meditar. Hacerme amigo de mis resistencias y permitirlas sencillamente como parte del deseo de mi alma ha sido un enorme aprendizaje de auto inocencia.

Espero que algo de estas páginas te seduzca y te lleve al mundo del silencio en el que te espera, en la calidez de la intimidad, como si fuera una cita junto al hogar con una humeante taza de café o de tu infusión preferida, la presencia de esa guía en la que más confías y, junto a ella, una maravillosa experiencia de unión y reconocimiento de tu verdadero Ser.

1

Hubo un tiempo

Todo tiempo tiene sentido en el camino
que tu espíritu ha diseñado para devolverte
el conocimiento de quién eres realmente.

Hubo un tiempo en el que, cuando rezaba, era para conseguir algo...

Hubo un tiempo en el que creía que le podía pedir a Dios que ganase mi equipo favorito o que la persona que tenía en frente me sonriera.

Hubo un tiempo en el que creí que podía manipular a las personas con la ayuda de Dios y, cuando no lo conseguía, me enfadaba con Dios mismo por no haberme concedido mis deseos. Entonces creía que tal vez tuviera que rezar más e incluso hacer sacrificios que produjeran dolor en mi cuerpo para llamar la atención de Dios y que, ahora sí, me hiciera caso.

Hubo un tiempo en el que, después de muchos fracasos, de horas de rezos y mantras repetidos hasta el agotamiento, de hacer daño a mi cuerpo, de negarme cualquier placer y no conseguir que Dios me hiciera caso, sencillamente pensé que ya no había tal Dios y dejé de creer en él.

Ese tiempo ya pasó, y entonces llegó otro tiempo.

El encuentro con el silencio

Hubo otro tiempo en el que sentía que había algo por encima de mí, sin nombre ni forma, pero que hacía posible que yo viviese.

En ese tiempo me había iniciado en la meditación si bien al principio era una visualización de mis objetivos, cerrar los ojos y enfocarme en aquello que quería en mi vida. Me condujeron a esta práctica personas que querían que yo tuviese éxito en medio de la red de ventas de la que te hablé; así, en sus reuniones de formación y motivación me explicaron esta y otras técnicas para atraer a mi vida aquello que deseaba; es decir, también para conseguir que las personas hiciesen lo que yo quería aunque ellas no quisieran hacerlo. Y me di cuenta de que eso no funcionaba, me desilusioné y abandoné aquel barco.

Paralelamente, en las reuniones en Madrid con el grupo Dimensión Alfa, en aquellas citas a las que acudía, cuando estaba en silencio con los ojos cerrados, encontraba momentos de una extraordinaria paz que no terminaba de entender. Y en un momento ya no visualizaba nada pero aquello parecía serlo Todo. Me sentía en una agradable y cálida paz que mi cuerpo expresaba con ciertas señales que me sugerían seguir un poco más en silencio. Y me gustaba sentir eso porque era una invitación a que la mañana siguiente me tomara mi rato de intimidad, con una suave música o siguiendo la grabación de una casete. Entonces, me sentaba en la silla que había escogido para ello, cerraba los ojos y me quedaba quieto. Después de una media hora me levantaba y me iba a trabajar de forma diferente a los días en que, por cualquier razón —una cita, por ejemplo—, no me dedicaba ese tiempo. Y así fue un día tras otro... hace tiempo.

En este descubrir que había algo más en mí que la imagen del espejo, unas cosas me llevaron a otras. La visita a una librería esotérica me mostraba grabaciones de meditaciones, libros para aprender a meditar... hasta que un día vi un libro que era, nada más y nada menos, un curso para hacer milagros. En la estantería más baja de la librería, casi en el suelo, ese color azul de sus tapas atrajo mi atención y terminé comprándolo.

La meditación se fue convirtiendo en algo común en mi vida. No era algo de todos los días, podían pasar bastantes días sin ir al silencio, pero cuanto más tiempo pasaba, más iba sintiendo la necesidad de volver a hacerlo. Incluso externamente la persona con la que compartía mi vida en esos días me decía que se me notaba la falta de meditar y me sugería amablemente que lo hiciera y así evitar cualquier discusión familiar. Supongo que lo notaba en eso, en el carácter de los días con meditación y los días sin ella, sin embargo, lo que me importaba, lo que me movía, era esa especie de llamada interior de volver a esos momentos de silencio. Y, al hacerlo, empecé a pedir perdón a quien ya había conocido como mi guía interior. Él siempre me decía cuándo terminar mi sesión meditativa y que no tardase en volver. Y yo trataba de hacerle caso.

Hubo un tiempo, ese tiempo, en que ya no creía en un Dios en forma humana, habitando no se sabe qué lugar en el espacio, con un lugar para buenos y malos, al que pedir cosas cuando me hicieran falta.

En ese tiempo, esa figura humana de Dios se transformó en algo más sutil, tal vez comparable a la energía, el universo, el origen de todo, que se hallaba fuera de mí y con el que me ponía en contacto cuando meditaba a través de mi guía interior al que —cómo no— seguía pidiendo cosas... mas, sin embargo, su mano fue llevándome por un camino de lecturas acerca de lo invisible, lo misterioso, lo trascendente. Dios seguía estando ahí fuera y había libros que me hablaban de cómo conocerle, de la importancia del espíritu, la fuerza de creer o títulos parecidos que, en cuanto pasaban por mis ojos, acababan en mi biblioteca. No era raro que, al menos una vez al mes, fuera a alguna de esas librerías especiales.

En ese tiempo quise conocer a Dios leyendo libros mientras hablaba en mis silencios con su enviado —mi guía interior—, aunque no lo tenía todo tan claro, pues, en medio de esas experiencias de silencio, surgía la pregunta: ¿es esto real o forma parte de mi imaginación?

En medio de esas sesiones de silencio no solo aparecían como nubes en el cielo pensamientos acerca de las preocupaciones de aquellos días sino también las dudas acerca del proceso, porque no conseguía con ello lo que deseaba tras tantas horas dedicadas al mismo. Después, recordaba algo leído en alguno de los libros, le daba vueltas hasta que, agotado, me dejaba llevar por la música suave en mis oídos, el movimiento de mi respiración y entraba en un proceso de silencio absoluto en el que no había nada, la oscuridad envuelta en una total calma, un bienestar que reflejaba de alguna forma mi cuerpo, un sentirme bien que me hacía decir medio en voz baja «¡Qué bien se está aquí!», recordando la frase de uno de los apóstoles durante la transfiguración de Jesús. Había visitado Israel años antes y, estando en la montaña donde se dio el acontecimiento, en medio de un aire frío que encogía el cuerpo, recordaba una y otra vez esa historia, esa frase que desde pequeño, cuando leía los *Evangelios* del Nuevo Testamento, tanto me había llamado la atención: «¡Qué bien se está aquí!».

Hubo un tiempo en el que me divorcié y pensé que eso no me podía suceder a mí, pero que me llevó a un estado lindando con lo depresivo en el que no caí porque mis obligaciones no me lo permitieron. El recuerdo del grito desgarrador de mi hijo cuando le comunicamos la noticia, la casa vacía en la que aún, algunas veces, al entrar saludaba como si todo siguiese igual, la sensación de soledad que se apoderaba de mí fueron experiencias de un sentir que antes no había tenido. Pero la vida seguía y yo estaba envuelto en un cargo de representación profesional al que accedí unos meses antes y, teniendo un negocio que dirigir en el que sentí todo el apoyo posible, sí o sí, salía por las mañanas de casa como si no pasase nada.

En ese tiempo, y como consecuencia del fracaso matrimonial, me refugié más en el silencio, con ausencias y presencias, volvía a sentir que no podía rechazar la invitación al silencio que en esos momentos se adueñaba de mi voluntad, acudiendo tras días sin hacerlo. Y ahí, en la oscuridad y la paz de la intimidad con mi guía, trataba de entender lo que me había sucedido y darle un sentido.

Y es que estamos acostumbrados a que todo, si tiene una explicación, es más fácil de aceptar, pero la simple explicación de que alguien te diga que ya no quiere estar contigo no la puedes aceptar, requieres que te explique aún más el por qué… siempre el por qué del por qué… aunque simplemente solo se trate de decisiones provocadas por sentimientos, por las propias necesidades interiores de quien las toma. Así, mirando dentro de mí, al cuestionarme los motivos de la ruptura de mi matrimonio, solo recibía más silencio o era mi mente la que se enzarzaba en un parloteo de frases hechas… «algo mejor espera detrás de esto», «una puerta se cierra, otra se abre», hasta que, en algunos momentos, aparecía la culpa en forma de no haber sido capaz, de no haber sido lo suficientemente bueno para que aquello no sucediese. En fin, todo un circunloquio de frases, pensamientos y sentimientos de culpa y de fracaso que solo se iba aliviando cuando, de nuevo agotado, me dejaba llevar por música y respiración a ese lugar que iba conociendo mejor dentro de mí, ese silencio oscuro, vacío pero completamente lleno de todo, pues sentía que ahí, donde estaba, nada me hacía falta y todo se esfumaba como si no hubiese existido nunca… como si no importara.

Así, poco a poco, el silencio se fue convirtiendo en mi gran aliado, había en mi vida lo que había, pero todo empezaba a ser permitido, vivía con ello, formaba parte de lo que tenía que experimentar y simplemente trataba de darme a ello. Aún no sabía todo el Amor de Dios volcado en aquella experiencia de aparente fracaso.

Sí, el divorcio me trajo maravillosas experiencias que ni me podía imaginar, y también ratos de sentirme miserable tumbado en el salón de casa mientras una película se proyectaba en la televisión sin apenas enterarme y la luz de la tarde desaparecía en la noche. Sencillamente, el Amor te va guiando y lo que viene requiere que se vaya lo anterior.

El primer regalo

Una buena amiga, Elvira, con la que había practicado PNL cuando nos formamos juntos en esa disciplina antes incluso de mi divorcio, me insistía una y otra vez en que acudiese con ella al centro de Siddha Yoga al que pertenecía.

Elvira era mi guía en aquellos días, así que habíamos hablado en muchas ocasiones sobre su centro y sobre lo que hacían. Personalmente, en ese tiempo, ese origen oriental me ponía un poco a la defensiva por mi origen cristiano. De alguna manera es difícil transitar desde el paradigma en que siempre has creído a otra visión más amplia y diferente de la vida, lo que requiere un tiempo, así que Elvira nunca perdió la paciencia conmigo. Las sesiones de terapia que hacía con ella para asimilar el divorcio fueron ampliando mi mente. Diversos momentos o prácticas que hacía con ella habían provocado en mí reacciones surgidas desde el sentir y, al perder el control mi mente analítica, aparecían lágrimas en los ojos que me descolocaban por completo. Pero, fuera de querer abandonar la terapia, me dejé seguir… me permití acudir un día tras otro y dejarme llevar por Elvira. Y como en mí ya había un camino previo, las conversaciones después de las sesiones se iban de lo humano a lo trascendente y, un día cualquiera, ante su insistencia, acepté la invitación de acudir un domingo casi al amanecer a una ceremonia —de, quiero recordar, apertura de los chacras— que fue un antes y un después, uno de los muchos que se han dado en mi vida.

Entonces no lo sabía, pero, sin duda, la mano del Espíritu me estaba conduciendo y yo simplemente tenía que dejar que sucediera. Se habían roto las defensas, pero acudí con cierta precaución, mostré extrañeza con cosas que veía, pero seguí ahí, cerrando los ojos cada vez que una voz decía «medita» y toda la sala se oscurecía, mientras una suave música acompañaba el momento. Una vez terminado el encuentro, con sus cánticos en ese extraño idioma y sus ratos de silencio, me ofrecieron al salir una guirnalda de flores que casi desprecié, pues ¡qué iba a hacer con ella!, pero me la llevé cuando me dijeron que las flores habían recogido toda la energía positiva del encuentro. Me extrañó —una cosa más en aquel día—, pero me la llevé y, hasta unos días después, no supe de su valor.

Hoy en día no me hago preguntas del estilo «cómo se explica esto» cuando resulta que suceden las cosas. Poco a poco he ido permitiendo que las cosas se den como sea que se den. Las resistencias, desde luego, que no faltan. Unos días después, fui a hacer mi meditación en ese lugar adecuado de mi casa, pues entonces creía que había unos lugares más adecuados que otros para meditar, que, por sus características energéticas, se podía medir con unas varillas, y yo había escogido el mío. Me puse, como me dijeron, la guirnalda de flores, entré en silencio y sucedió una de las experiencias más maravillosas que he tenido meditando.

De pronto, en mi mente se aparecían todas las circunstancias complicadas de mi vida: la dura relación que tenía con mi madre, los deseos de cambiar de trabajo buscando otras cosas, la soledad, las tensas relaciones personales en el trabajo representando a mi colectivo... y, de pronto, surgieron de mi centro una especie de rayos de luz que fueron a iluminar esos espacios, y el amor surgido de ese silencio oscuro dio sentido a todo. No se trataba de que viera lo que no había sino de que lo viera con el amor que surge al aceptar que eran unas experiencias, de alguna forma, queridas por mí para tener un aprendizaje concreto. Pero, sobre todo, lo sentí de una manera en que podía ser perfectamente permitido. Al menos en ese momento.

Es difícil expresar con palabras lo que sucedió porque toda la experiencia hizo que mi cuerpo se sintiese completamente diferente. Una sensación de profunda paz que hasta entonces no había tenido se apoderó de mí. Sí, la meditación, el silencio, ya me habían mostrado la paz que hay al sentirse dentro y dejar la mente en blanco. El hueco, eso que tanto leía en libros que acudían a mis manos acerca de meditar, el espacio entre dos pensamientos me había mostrado la paz del silencio. Pero esa experiencia lo hizo de forma sublime, al punto, diría, de desconectarme con absolutamente todo y estar sin ya estar, sentir y dejar de percibir, mas saber con una seguridad que solo nace de dentro que lo que soy es pura plenitud. Y terminó. Abrí los ojos y estaba completamente desconcertado.

Los días siguientes quise buscar esa misma experiencia, me ponía la guirnalda y repetía el proceso. Pero aunque se dieron situaciones de paz como tantas veces, la experiencia sublime no se repitió. Y pasaría bastante tiempo hasta que se repitiese, pero cada día, al volver a meditar, lo esperaba. Y sí, aquella experiencia me hizo ser más fiel a la cita con el silencio, un antes y un después.

El segundo regalo

Cuando tuve la experiencia de Siddha Yoga, había descubierto que en el silencio conectaba con algo que llamé mi guía interior, pero que en realidad no sabía lo que era. Sí, por supuesto, era algo que me trascendía, que era el origen de todo y con quien me encontraría cuando abandonase este plano. Pero en ese tiempo no estaba seguro si lo que sucedía cuando cerraba mis ojos era real o un producto de mi mente, de mi imaginación. Algo así como yo hablando conmigo mismo.

Seis meses después de mi divorcio fui de vacaciones a Salamanca —preciosa y maravillosa ciudad que he visitado más de una vez y seguramente volveré a hacerlo— un par de días para disfrutar de mi afición a la fotografía. Visitando las dos catedrales de la ciudad y, tras un buen rato de tomar fotos, sentí la necesidad de cerrar los ojos y quedarme en silencio. No me importaba que, estando sentado en uno de los bancos de la catedral nueva, con los ojos cerrados buceando en mi interior, hubiera gente paseando a mi alrededor, turistas y más turistas que admiraban la belleza del lugar, pues terminaba aislándome de todo murmullo.

Como otras veces, en ese tiempo, una pregunta surgió de mi interior: ¿qué hay de verdad en lo que sucede cuando me quedo en silencio? ¿Realmente me comunico con algo superior o sencillamente es mi mente que borbotea ideas y palabras que se oyen con los oídos del silencio? Minutos después abrí los ojos y continué la visita, ya por la catedral vieja, cuando vi a una pareja que me llamó poderosamente la atención. Ella manifestaba en su físico un evidente proceso de anorexia muy intenso que apenas dejaba ver un cuerpo huesudo y deteriorado, extremadamente delgado, sin apenas masa muscular. Me llené de lástima porque, sin duda, aquella mujer había sido un maravilloso ejemplar de belleza femenina. A su lado, el hombre no lo era menos: alto, de espalda ancha y bien parecido, no dejaba de estar pendiente de ella. El contraste era absoluto. Casi entre la vida y la muerte.

Una hora más tarde, dejé la catedral y continué con la visita de la ciudad hasta llegar al convento de San Esteban. Su portada es uno de los más bellos ejemplos de estilo plateresco, sin duda tenía que visitarla y llenar de fotografías la tarjeta de memoria de mi nueva cámara fotográfica digital. Comencé la visita y, al llegar a la iglesia y frente a su espectacular retablo barroco, volví a sentir la llamada del silencio.

La iglesia estaba completamente vacía y el silencio externo fue una clara invitación al silencio interno. Enseguida volvieron a surgir las dudas…, de alguna manera este silencio continuaba el silencio de la catedral, solo interrumpido por un tiempo que ya no era tiempo. No sé cuánto estuve en silencio, pero en un momento dado escuché con claridad meridiana, sin el más atisbo de duda, la frase «abre los ojos y tendrás la respuesta». Los abrí sin dudarlo y justo en ese momento pasaba ante mis ojos, caminando por el altar, la pareja que tanto me había llamado la atención en la catedral vieja. Y me estremecí. De inmediato, mi mente analítica empezó a ver el asunto como una cuestión de probabilidades, una casualidad, pero ya no podía engañarme con circunloquios mentales y seguir en la duda. Y así, fuera de cualquier consideración, nació una absoluta convicción: lo que sucedía en mis silencios era completamente real y no fruto de mi imaginación. Al día siguiente, por si me quedaba alguna duda, fui a visitar la Iglesia de San Martín y, al abrir la portezuela para entrar, me di de bruces con la misma pareja. Por si me quedaban dudas…

A veces, en ambientes religiosos o espirituales, incluso meramente mundanos, se habla de la importancia que tendría un milagro para creer en algo. El ego, el pensamiento programado, en realidad, busca la explicación para todas las cosas, la demostración de que algo es en la forma en que es. Recuerdo muchas conversaciones así —en aquel lejano tiempo— en grupos de búsqueda de lo trascendente cuando le pedía a Dios que ganase mi equipo… en esos primeros tiempos, en esas primeras páginas de un guion en el tiempo que escogió el espíritu que me habita para tener esta experiencia humana.

Lo que me sucedió en Salamanca podría interpretarse como ese empujón de certidumbre en lo trascendente que me comprometía a vivir de otra manera en adelante. Mas, sin embargo, no fue así, no suele serlo. Los días pasan de forma similar, tenía el mismo o similar mal humor que antes, las mismas adicciones y virtudes, o defectos, como yo mismo me definiría. Nada externo cambió, sabía que lo que sucedía cuando meditaba era cierto, pero ello no me llevó más lejos. En realidad, lo que sucedió todavía no había impregnado mi corazón y faltaba que le entregase el permiso para hacerlo. En términos humanos, es como cuando te gusta mucho la chica que se sienta frente a ti —no dejas de mirarla, no te cansas de conversar con ella e incluso quieres volver a verla—, pero tienes miedo a enamorarte porque te han enseñado que el amor acaba en sufrimiento.

Hay una sabiduría completa que rige el camino. No se puede ver con el pensamiento analítico, no se puede ver con el pensamiento del tiempo. La historia que aquí se vive no es más que un suspiro en el origen de esta: el eterno presente que carece de tiempo, el «lugar» en que «habita» el espíritu. Sin embargo, cuando ahora lo miro en retrospectiva, surgen estos pensamientos: tal vez, antes de conquistar el corazón, haya que destrozar la lógica de una mente analítica acostumbrada al tiempo. Quiero decir con esto que, al menos en la experiencia del espíritu que se da en este cuerpo que ahora escribe al dictado de lo que surge, era preciso romper primero el paradigma mental, conquistar la mente al destrozar cualquier posibilidad de explicar lo sucedido y simplemente permitir que naciera una convicción —sin explicación alguna— que eliminara toda probabilidad, absurda por otro lado. Pero la convicción no vino por el hecho de que fuese altamente improbable que me encontrase con la misma pareja dos veces, al abrir los ojos oyendo palabras en silencio, o al abrir la portezuela de una iglesia, sino que, en medio de ese caos mental que se da en un instante, por ahí entrase el saber que es verdad, como si el espíritu se colase por la grieta mental del momento y me hablase en forma nítida, mas sin palabras, para saber lo que desde ese día sé.

Faltaba el corazón, sí. Y esa puerta era más difícil de abrir.

El encuentro con el libro azul

Tras la experiencia de Siddha Yoga, me pasó por la cabeza acudir al centro de forma regular, y lo hice en alguna ocasión también para compartir un tiempo con mi amiga Elvira. En ese momento podría decir que ella era mi guía en el tiempo. Con ella hablaba de la experiencia que había tenido y, en cierta ocasión, le dije que —tiempo atrás— había comprado un libro que se llamaba *Un curso de milagros* y que me había sido imposible leerlo. A ella no le había entusiasmado, eso me pareció; su camino estaba enfocado en su escuela de Siddha Yoga y me ofreció otras lecturas de místicos hindúes.

Cuando apenas comenzaba a practicar en silencio buscando que mis negocios funcionasen, había una sensación y casi necesidad de búsqueda de más libros, más meditaciones grabadas, lo cual me llevaba a visitar las pocas librerías especializadas, como ya te he contado. En una de ellas, en la balda más próxima al suelo me llamó la atención un libro azul de nombre muy sugerente, lo abrí y, a pesar de sus casi mil quinientas páginas en papel biblia, decidí comprarlo. No sé ni en que estaba pensando, no tenía lógica alguna, lo más probable es que no lo leyese nunca... pero era un curso para hacer milagros, ¡cómo no comprarlo! Las palabras del inicio nunca las he olvidado:

1. Este es un curso de milagros. 2. Es un curso obligatorio. 3. Sólo el momento en que decides tomarlo es voluntario. 4. Tener libre albedrío no quiere decir que tú mismo puedas establecer el plan de estudios. 5. Significa únicamente que puedes elegir lo que quieres aprender en cualquier momento dado. 6. Este curso no pretende enseñar el significado del amor, pues eso está mucho más allá de que se puede enseñar. 7. Pretende, no obstante, despejar los obstáculos que impiden experimentar la presencia del amor, el cual es tu herencia natural. 8. Lo opuesto al amor es el miedo, pero aquello que lo abarca todo no puede tener opuestos.

2. Este curso puede, por lo tanto, resumirse muy simplemente de la siguiente manera: 2 Nada real puede ser amenazado.

3. Nada irreal existe.

4. En esto reside la paz de Dios. (UCDM, In 1-4)

Al comenzar la semana siguiente empecé a leer el texto, pero me pareció tan complicado que decidí seguir el curso por el libro de ejercicios. La primera lección comienza así:

«Nada de lo que veo en esta habitación significa nada».

(UCDM, L, pI, 1).

Hoy miro para atrás y no recuerdo lo que se me pasó por la cabeza; lo que leía no tenía el más mínimo sentido para mí, era sencillamente absurdo... Mas, sin embargo, continué haciéndolo con la esperanza de que en algún momento lo entendería, frase tras frase... En fin, una semana después, lo había dejado. Más adelante volví a comenzar el curso con el mismo o similar resultado, pero no me quería rendir, así que lo coloqué en la librería de la habitación y me dije que algún día haría ese curso, incluso lo verbalicé como si el libro pudiese oírme.

Sí que recuerdo que esas frases no se me olvidaron durante un tiempo, que pusieron en marcha mi mente analítica para tratar de entenderlo, recordando las clases de física cuántica, el hecho indiscutible de que, a pesar de la apariencia de solidez de los objetos, la apariencia material no es más que energía y es esa energía vibratoria lo que nos hace experimentar la solidez de un objeto de la misma manera que una rueda de bicicleta girando a gran velocidad es aparentemente sólida, mas, al dejar de girar, lo que vemos es otra cosa.

Y con el tiempo me fui cuestionando la realidad. Percibo colores, mas, realmente, no sé si hay algo más que quede fuera del espectro de mi capacidad de visión. Los perros ven en blanco y negro pero huelen con más finura que los humanos; los insectos ven con ojos compuestos colores, incluso el ultravioleta, con el que detectan el polen; ven mejor el movimiento que los objetos estáticos y son capaces de percibir la menor vibración a su alrededor. Lo que decimos que es la realidad, entonces, no es más que una interpretación de lo que somos capaces de percibir con los sentidos mediante una mente programada. Ciertamente, estaba abriendo la mente a ver las cosas de otra manera. Ciertamente, había un algo que me acompañaba en el silencio y que reconocía como real.

La tentación de volver a la Matrix

Tuvo que pasar mucho tiempo para que se diera otro acontecimiento de los que nombro como un antes y un después. El trabajo me tenía absorto por completo, la hoguera de las vanidades que acompañaba a la representación profesional ante la administración de mi colectivo en la comunidad autónoma donde vivía, dificultaba por momentos que pudiese acudir a mi cita matutina con el silencio. Había que madrugar bastante, viajar casi todas las semanas y dormir en hoteles, por lo que llevaba conmigo una casete, de manera que, en más de una ocasión, podía detener el coche y regalarme unos minutos de silencio con una meditación guiada o simple música como guía del silencio. O bien utilizaba el ordenador portátil en la habitación del hotel... La llamada estaba presente buena parte de aquellos días y la seguía, pero las experiencias dejaban un pequeño, o no tan pequeño, vacío en mí.

Cuando has tenido experiencias intensas en la meditación, es tal el bien sentir que experimentas, que empiezas a querer que la meditación te lo ofrezca todos los días y, cuando no es así, aparece una punzada de desagrado. De nuevo, y con esta sutileza, la meditación se convierte en algo para conseguir algo hasta que descubres que la meditación es ese espacio de encuentro con tu propia trascendencia y que se expresa en la profundidad del silencio. Pero en ese tiempo, todavía la divinidad era un concepto no aceptado como mi realidad profunda sin tiempo. Pues cada camino requiere de unos pasos que han sido previamente elegidos, y el Espíritu, para conquistarte por completo, lo va haciendo poco a poco, simplemente porque la experiencia humana es en el tiempo. Así te va seduciendo, te va atrayendo, desmontando toda irrealidad, mostrándote poco a poco lo que Eres.

Las experiencias intensas son las guías necesarias para transitar por este camino. De pronto, un día, sin esperar nada, hay un instante de enorme felicidad en el silencio. Es un día cualquiera, estás en el tiempo que le dedicas al silencio antes de incorporarte a tu trabajo y escuchas una suave música, entonces llega el regalo. Unos días antes, había encontrado en YouTube el tema *Musical Rapture. A Sacred Gift of Celestial Music (Rapto Musical: Un regalo sagrado de música celestial),* de título muy evocador para los ratos de silencio y que este día cualquiera me iba a acompañar en mi meditación. Sin previo aviso, mientras en mi mente se repetían las palabras de una lección de UCDM, toda sensación de contacto corporal pareció desaparecer, como si ya no estuviese en mi cuerpo y me fundiese con todo lo inmaterial, no siendo nada pero sintiendo ser todo. Y con la plena seguridad de que ese era mi destino tras el plano material, y hablando a un Dios que aún sentía en parte fuera de mí, verbalicé con el mayor de mis deseos «nada me ata aquí, si he despertar del sueño ahora, sea». Los ojos se me llenaron de lágrimas, la paz sentida me envolvió por completo, como si se tratase de un manto protector que me llenaba de una felicidad que lo humano no te puede dar, y repetí una y otra vez esas palabras «si ha de ser ahora, sea». Y, en realidad, es que ese era mi deseo, permanecer ahí, no tener que abrir después los ojos…

Este momento intenso, este regalo, se diluye después en la experiencia humana pero se queda grabado en tu mente humana como un recuerdo que aparece, cuando es preciso, en esos momentos de dudas caminando solo por el desierto. Pues el silencio es profundo y doloroso en la noche del alma, esa sensación de estar solo en medio de la multitud, ese no poder hablar de tu camino con nadie, pues saliste del redil de la «matrix», del engaño, y tiran de ti para que regreses. Tal vez hay un comenzar a dudar de si es correcto tu camino o mejor dejas de engañarte a ti mismo.

Años antes, aún en mi primer matrimonio, de forma casual, vi la película *Matrix*. Salía con Victoria de la sala de cine en la que habíamos visto otra película y nos encontramos con una pareja de amigos que, con un enorme poder de convicción, nos empujaron a volver a la sala y ver la película. Apenas quedaban asientos libres así que tuvimos que verla en la fila dos o tres, muy incómodos, teniendo que levantar continuamente la cabeza. Pero salí impresionado y tocado por lo que había visto, aunque de alguna manera seducido con la idea de estar viviendo en el engaño. Esa película —en realidad la trilogía— después la he visto tres o cuatro veces y siempre encuentro una frase o una idea inspiradora.

En la película, uno de los personajes, conociendo la falsedad de la Matrix, traiciona a sus compañeros para que los guardianes de la mentira le permitan volver a vivir en el engaño. Y cuántos momentos puedo recordar la idea de dejar el camino que había empezado y acallar las voces del silencio que me invitaban a regresar a él. Y es en esos momentos cuando el recuerdo de esa experiencia intensa de gozo y paz te impide abandonar. Sin duda, es el cometido de esas experiencias, ser seducido para que luego no lo haga el mundo del sueño. Que sucedan las experiencias intensas del silencio no significa que, si no suceden, algo este mal, simplemente no es el momento en que han de suceder. Pues, durante todo el camino, el Espíritu te ofrece lo que necesitas para poder atravesar todos los desiertos que se presenten en el camino.

El regreso del libro azul

Me volví a casar siete años después de divorciarme. Víctor, mi hijo, había cumplido la mayoría de edad y aquello no le gustó.

Un año antes había iniciado una experiencia sentimental devastadora, diría que con la persona que más daño me ha hecho, digo hoy con una de las personas que más me ha enseñado sobre mí mismo y que hizo posible que apareciese la siguiente invitada a mi historia. Fue otro de esos momentos mágicos que te explicaré al final de esta historia. Y a pesar de que nos separaba un océano, que es complicado conocerte en esas circunstancias, decidí seguir adelante, dejándome llevar por el flujo de la vida... en ese tiempo.

Por otro lado, estaba inmerso en unos de mis retos personales, el mundo del *trading*[1], la inversión en los mercados, que me estaba regalando en esos días más lecturas que seguían desmontando sutilmente la imagen aparentemente real que de mí me muestra un espejo. El *trading* es algo tan estresante... me enfrentaba tanto a mí mismo que me llevó a buscar aprendizajes que convergieron, y no por casualidad, con el resto del camino.

La vida al otro lado del océano se me hacía envidiable y quería vender el negocio que sustentaba mi vida, poder rentabilizarlo y obtener algún ingreso más mediante los mercados; después, tal vez, irme a Colombia. Pero el *trading* es un negocio demasiado emocional, es tomar decisiones que afectan, y mucho, a la valoración que tienes de ti mismo: el miedo a perder y el miedo a dejar de ganar, pero siempre el miedo, todo lo opuesto al amor, que es vida, creación, «ser» y esencia. Y a la vez, es una excelente práctica para permitir esas emociones y ponerlas al servicio de reconocer quién eres verdaderamente.

---

[1] La palabra inglesa *trading* significa comercio, pero habitualmente, cuando decimos en español «hacer *trading*», «me dedico al *trading*» o «estoy estudiando *trading*», nos referimos al mercado de acciones y futuros, la bolsa de valores.

Y realmente me comprometí con la mujer y el reto, de manera que, en un período de dos o tres años, pudiéramos estar en su país, al otro lado del océano. Y en ese camino me dio la mano Graciela Tálamo.

A través de la empresa americana que me estaba formando en *trading*, me ofrecieron unas sesiones con el grupo de alumnos que nos habíamos incorporado a la escuela y, posteriormente, de forma opcional, unas sesiones personalizadas que tomé con gusto. Llevaba un tiempo en los mercados y sabía que la dificultad que tenía no era tanto técnica —saber qué hacer—, como la emocional —saber cuándo había que hacerlo y cuando no—. Lo importante de aquella relación, de aquel tiempo, fue que Graciela fue algo más que una simple acompañante que descubriera aspectos interesantes de mi psique, pues, en una de tantas sesiones, me recomendó una serie de vídeos a través de los cuales volvió a aparecer, como si nada, ese libro azul que tenía en la estantería de la habitación, que no había mirado en más de diez años y que hablaba de cómo hacer milagros.

Graciela vive en Argentina y estaba en un grupo de estudio del libro, junto a alguno de mis instructores de la empresa de bolsa americana, al que quise pertenecer, pero me indicó que buscase algún grupo en España en vez de incluirme en uno con tanta diferencia horaria. Me había recomendado ciertos vídeos de Enric Corbera, a cuya escuela de Bioneuroemoción Graciela pertenecía, y en ellos se me presentaba el Curso como algo eminentemente práctico, de manera que, con muchas expectativas por delante, me apunté a hacer el curso de milagros que impartía

Enric —en realidad lo hice dos veces—, y poco tiempo después pude asistir a unas sesiones en las que compartirían enseñanzas autores de libros acerca del Curso y en las que, por primera vez, conocí a Jorge Lomar, si bien en aquella intervención, tras el almuerzo, me quedé dormido. No obstante, curioso, pude saber que en su escuela enseñaban el perdón, y todo aquello me sonó muy clerical. Yo llevaba ya apenas unos meses con el libro de ejercicios del curso y mis ratos de silencio se daban después y con motivo de la lección del día. Ese iba a ser mi camino, no quería escuelas, había decidido hacerlo a mi propio ritmo. Y, como suele ser habitual cuando crees que las cosas serán de una manera, lo son de otra...

Los vídeos que me había recomendado Graciela me llevaron también al mundo de la Bioneuroemoción, la disciplina que enseñaba Enric Corbera y su equipo. Todo un mundo que me dejaba los ojos como platos. O sea, un cambio en la manera de percibir las cosas, entender la libertad, si es que acaso se da en este plano, como un simple escoger entre opciones, y comprender las situaciones que uno vive con relación a unas memorias inscritas en los genes. Sencillamente, había una especie de programa que, a través de la mente subconsciente, manejaba mi vida.

No sabía entonces que pudieran transmitirse genéticamente aspectos más allá del color de los ojos, el cabello o tu contextura corporal. Este fue todo un descubrimiento. Pero si la memoria es energía y la energía permanece de una u otra forma; si además no somos entes separados por un espacio sin nada, todo lo contrario, estamos unidos por un «algo» misterioso que explica ciertos fenómenos, como había leído en los libros de Lynne McTaggart —*El campo: en busca de la fuerza secreta que mueve el universo* y *El vínculo: la conexión existente entre nosotros*—, entonces todo parecía posible y la visión que tenía de la realidad iba a cambiar por completo.

Hubo un tiempo, en aquel tiempo, que me convertí en una máquina de leer libros que día a día iban destrozando el paradigma en el que había vivido y de ver vídeos por internet que caminaban en la misma línea. En aquel tiempo también extraía el sonido de los vídeos, lo guardaba en una memoria y, cuando viajaba en el coche, no dejaba de escucharlos. Creía que mi compañera disfrutaría igual de la experiencia pero empecé a entender que, ante la misma información, puede haber falta de interés o entusiasmo. Me di cuenta de que lo que sucede, sea lo que sea, lo interpretamos de manera diferente y que, por tanto, el valor o la carencia de éste se lo da la interpretación que hacemos de lo acontecido. Lo que sucede es meramente neutral, la interpretación de cada uno forma parte de lo que se quiere experimentar y, ante el mismo acontecimiento, se pueden relatar miles de historias.

Sí, probablemente terminé cansando a Patricia. Y me di cuenta de que el camino que estaba recorriendo lo haría yo solo aunque invitase al mismo a la persona a la que aburría, y que en ese momento me estaba enseñando precisamente esto.

La guía del silencio

El cambio de paradigma no se da en cuestión de días, pues es un lento pero inevitable avanzar. Hay algo que sucede, al menos en esta forma de experimentar que se expresa ahora en estas líneas, y es que una vez has tomado contacto con el nuevo paradigma la llamada continúa, las guías aparecen, los libros, los vídeos, las personas… y es muy difícil ya mirar atrás. Si alguna vez lo haces, resultas ser un desconocido para ti mismo y entonces puedes mirar en un momento de lucidez cómo los pasos del camino han sido perfectamente planificados, tras los cuales hay luz y más luz. Y cuanta más luz hay más cegado quedas y más ganas tienes de ver aún más. En tu camino, algo dentro de ti ha escogido desmontar toda la vieja creencia a base de evidencias; no te basta una conferencia inspiradora —que sí, actúa como un anzuelo muy efectivo— necesitas más.

Y, sin embargo, a veces en el silencio tienes la sensación de que ya sabes todo, ese «¡qué bien se está aquí!», la plenitud y la paz te llevan a desear despertar de este mundo, a decir en medio del silencio esas palabras que invitan a salir ya del sueño; en realidad es casi un deseo, un saber que ya nada te ata a este mundo de ensueño y que puedes dejarlo perfectamente en ese mismo momento. Pequeños momentos de más o menos intensas experiencias que siguen llevándote por el camino. Instantes que ponen en entredicho la necesidad de seguir buscando, pues parece que lo que ansías está ahí, en el silencio y su paz, en la plenitud de este instante, en ese respirar en el que te vacías por completo y sabes, porque realmente lo sabes, que tu guía está ahí, más real que tú mismo, y tocas por un momento lo eterno. Entonces, ¿qué más hay que buscar?

El silencio te dice que, cuando tenga que ser, llegará el momento en que sabrás que nada más hay que buscar, pero en aquel tiempo yo seguía buscando, porque aún no había llegado el momento de dejar de hacerlo… y así volé a Rosario, en Argentina, para estudiar el primer nivel de Bioneuroemoción con Enric y encontrarme con mi guía de ese tiempo, Graciela. Había estado pensando durante meses si dar el paso para formarme en esa disciplina, los vídeos me atraían, sus fundamentos, la idea de estar rozando lo más puntero de la ciencia, con investigaciones que nos son ocultadas en la formación universitaria. Pero de ahí a formarme en algo supuestamente concebido para terapeutas más o menos poco convencionales, había un largo trecho.

Graciela me insistió por momentos, y nunca terminaré de agradecérselo, porque la experiencia no solo fue maravillosa sino que, por momentos, también fue inspiradora para empezar a comprender cómo se puede vivir en este tiempo sabiendo que no perteneces al tiempo sino a lo eterno. Y en realidad eso no estaba en el programa de estudios, sino durante una cena el último día antes de despedirnos, en la conversación de dos madres que habían perdido a sus hijos, accidente en un caso y suicidio en el otro, hablando de ellos en la forma y con la serenidad en que lo hicieron. No había resignación, sino plena aceptación de lo sucedido; no había culpables, sino el reconocer que lo sucedido tuvo que ser así y no pudo ser de otra manera. Conversamos acerca de que las experiencias de este tiempo en la aventura humana forman parte de un sueño de separación y que lo eterno siempre «es» y en ese siempre «ser», podían reconocer a los hijos que ya no estaban en la experiencia humana. Como humanos, tenían su nombre en el recuerdo, pero lo que en realidad seguía siempre siendo, sin origen ni final, no es otra cosa más que puro Espíritu. Regresé convencido de seguir en la formación y me apunté al siguiente nivel unos meses después.

Un buen día, antes de comenzar a meditar, haciéndome el remolón a la llamada interior navegando por internet, apareció en la página de inicio de YouTube un vídeo de Jorge Lomar. Recordé a la persona que había visto unos cuantos meses antes y que tenía una escuela con apariencia de clerical. Curioso, vi que el vídeo duraba poco tiempo y decidí verlo antes de hacer la lección del día del Curso y meditar. Fue breve pero intenso. Después lo he vuelto a ver un montón de veces, pero si tuviera que contar lo que decía no podría hacerlo. Algo intensamente profundo me sucedió y los ojos se me humedecieron al punto de desbordarse más de una lágrima. Cerré los ojos, lo puse otra vez y medité mientras lo escuchaba al menos un par de veces. No sé cómo, pero la conexión con esas palabras se dio en el corazón, entendí poco pero sentí mucho… Al terminar, tenía esa sensación de plenitud y a la vez de querer no moverme de donde me encontraba sentado. Realmente estaba tocado, sentía otra llamada pero ya me había comprometido conmigo mismo y matriculado en el postgrado de Bioneuroemoción. Apenas duró la resistencia, el silencio lo dijo todo. Me levanté, busqué la web de la Escuela del Perdón, sus cursos y me matriculé para el curso *on line* de lo que hoy se llama *Integración*. No sabía cómo iba a hacer los dos cursos a la vez, no tenía ni idea. Pero aquella decisión me cambió la vida.

La relación con la familia no siempre es lo deseable y mucho más cuando tienes un montón de hermanos y durante la infancia se han vivido envidias y toda clase de peleas, comparaciones por ser el preferido o no de tus padres… ¿Quién no ha experimentado eso? En mi caso, no soy la excepción, y esa época de mi vida no fue excesivamente agradable, pero ningún padre —y yo lo soy— tiene el manual de instrucciones para educar a sus hijos. En mi caso, al ser el mayor de todos los hermanos, estaba en la diana de todas las disputas y responsabilidades, también en la preferencia a la hora de tener una habitación para mí solo y ser el elegido para heredar el derecho a comprar el negocio familiar. Pasa el tiempo, en ese tiempo, mientras aprendes a comportarte con educación pero las heridas de la infancia se quedan en el corazón y en algún momento salen y vuelves a experimentar la separación con el resto, en este caso, de tu familia.

Y llegó el momento en el que decidí traspasar el negocio para perseguir el sueño tanto tiempo alimentado, y aquello se convirtió en una batalla campal en la que se dijeron las palabras más duras y se pusieron todas las trabas posibles para impedírmelo. Y sentí el odio hacia mí, y tal vez el mío propio reflejado en el de enfrente. En más de un momento surgió el desamparo profundo, una sensación que nunca había experimentado, un dolor muy superior al que experimenté durante mi divorcio años antes. La herida, el corazón rasgado, se apoderó de mí y se hacía más grande cuando lo externo se presentaba como una guerra que yo no quería librar y, sin embargo, era el mundo el que me empujaba a ello y, si me resistía entonces, si no la libraba, quedaría como un simple cobarde incapaz de pelear, solo manifestando mi deseo de llegar a un acuerdo que fuera bueno para todos.

En esos momentos, el silencio se convirtió en mi refugio y mi guía. Solo allí, rendido a lo que estaba sucediendo, aceptando el papel de todos aquellos invitados a mi experiencia, esperaba escuchar cómo seguir en adelante. Mas, al volver al quehacer diario, a ratos volvía el desamparo y de nuevo acudía al silencio, dándose un círculo de experiencias que me fue enseñando a rendirme cada vez más, a aceptar todo lo que pudiese suceder como experiencia escogida en mi camino de regreso a casa, al hogar, al Padre. En el silencio recibí ideas para buscar una solución que nunca se dio. En el silencio encontré el consuelo al saberme, poco a poco, que no soy una forma física limitada por lo que se percibe por los sentidos, sino puro espíritu habitando esta forma física, haciendo posible en la forma el guion escogido por el espíritu y al que yo solamente podía rendirme para sentirme en paz. El silencio era el lugar al que acudir cada mañana y reposar en él todo lo que sucedía, reconocer la experiencia como elección propia y entregarme a la mano que me guía.

En ese tiempo, fuera del silencio apenas encontraba momentos de paz pero sí momentos de completo desamparo, un estar perdido y sin saber qué hacer que me impedía reconocer que la mano que el espíritu me daba en la forma ya estaba ahí, pues todo se había orquestado para que se produjese un gran cambio en mi vida. Había caminado solo por el silencio, había vivido experiencias intensas y sabía que ese era el camino, pero la comprensión de la existencia, la búsqueda de la verdad y el sentido de la vida se me iban a dar en adelante.

2

Otro tiempo

Llega otro tiempo cuando en el tiempo pasado
experimentaste aquello que elegiste
y estás preparado para las siguientes experiencias.

Llega otro tiempo que no es un punto fijo en una agenda, no es un día ni una hora, sino el final de una transformación que se va completando en lo que llamaríamos un período de tiempo. De hecho, las experiencias del final del tiempo ya pasado se van mezclando con formas de ver que ya van siendo del siguiente tiempo. De manera que lo sucedido en todo aquel tiempo pasado pude mirarlo —al menos por momentos— con la visión que hoy tengo.

Me había matriculado en la Escuela del Perdón de Jorge Lomar y Reyes Ollero y me asignaron como tutor a mi hermano de camino, Agustín. Su misión era la de guiarme a través de los conocimientos que la escuela me iba mostrando, pero, desde el primer momento, Agustín se convirtió en algo más. Todo ese conjunto de cosas que formaban el escenario de mi vida en aquel momento fue saliendo en las sesiones que teníamos todas las semanas. Y así, la incomprensión de mi familia con mis decisiones al punto de excluirme de las reuniones familiares, la ausencia en mi vida de mi hijo y las dificultades que, como en toda pareja, se daban en mi nuevo matrimonio fueron llenando sesión tras sesión los momentos de enorme comprensión que fui teniendo. Nacía la visión nueva pero asentada en mis experiencias de silencio de mi verdadera realidad, no solo como experiencia, sino conformándose como mi verdadera esencia.

A lo largo de la vida vas tomando una serie de decisiones que parecen ya programadas, haces lo que se supone que has de hacer, pero luego no tienes los resultados que deseas. Y esto se da en todos los ámbitos de la vida —estudias para trabajar en lo que te has preparado y luego, si trabajas, lo haces en otra cosa—, pero se dan especialmente en las relaciones en las que sigues el modelo que has visto de tus padres. Yo no fui un adolescente especialmente rebelde, tampoco lo fui más adelante y menos ante situaciones que no me gustaban demasiado, pero que me permitían un cierto conformismo con lo que se daba en mi experiencia diaria.

En mi primer matrimonio no era feliz con Victoria, pero quería mantener a toda costa la situación aunque solo fuese por la presencia de mi hijo. No quería que viviese la experiencia de unos padres separados con el dolor que se manifiesta. Y yo no quería vivir sin su cercanía. Tampoco quería estar solo. No quería hacer daño a nadie, como si estuviese en mis manos la posibilidad de evitarlo.

El bien, el mal y el pecado

Cuando te inicias en la formación de no dualidad ya no solo meditas como práctica diaria que te genera bienestar y paz interior. Empiezas a formarte en ideas y conceptos nuevos que son los que te permiten ver las cosas de una nueva manera. Antes, los conceptos antiguos te llevaban por el camino dual de creer, en primer lugar, que delante de ti hay alguien a quien puedes hacer daño, o a quien puedes darle felicidad. En segundo lugar, crees que tú puedes controlar —al menos en parte— lo que sucede en tu vida y que, mediante viejas o nuevas técnicas de psicología, puedes arreglar algo que se supone está mal. En tercer lugar, aprendes que hay cosas que están bien y otras que están mal. En absoluto se te ocurre pensar —no era yo la excepción— que las experiencias que estás viviendo simplemente son neutras y que tú las escogiste en un nivel profundo.

Estas ideas las había conversado en varias sesiones de tutorías y, aunque aprendes lo nuevo con la mente, llevarlo al puro convencimiento del sentir del corazón se hace más complicado. Además, Agustín me insistía una y otra vez en una idea clave de aquellos días, de este tiempo: la inocencia del personaje; es decir, que el comportamiento humano está motivado por memorias que precisamente habían sido escogidas para poder ser experimentadas. En una elección no de quién aparentas ser, pero sí del espíritu que sostiene la experiencia humana.

Era necesario dar un buen salto. Hasta ese momento yo meditaba y por supuesto reconocía un Ser, origen de todo, al que me podía dirigir en silencio, que, desde luego, no formaba parte de mí; es decir, a la vez creía en un mundo dual. Creía que podía hacer daño a alguien, creía que era libre en mi toma de decisiones, creía en un Dios que no estaba en mí, pues el mundo se dividía en mí, el resto de las personas y Dios. Y, aunque estaba haciendo el Curso de Milagros, todavía existía un afuera diferente de mí que, de alguna forma, ya se mezclaba conmigo mismo, pero existiendo la diferencia, lo separado. Entender que el Hijo de Dios es Uno era complicado, parecía más bien retórico pues reconocía a miles de hijos de Dios. Todo ello me tenía en un espacio de duda y observación por momentos, pero no impedía que siguiese haciendo mis prácticas disfrutando de la intimidad del silencio y tomando conciencia de las frases con que inicia cada lección el Libro de Ejercicios de un Curso de Milagros.

Uno de los conceptos más imbricados en la esencia humana es la idea de «pecado». De niños nos enseñaron que nacemos con el pecado original y que aquello es debido a la expulsión del paraíso cuando Adán y Eva desobedecieron a Dios y fueron separados de aquel lugar de paz y, avergonzados, tuvieron que experimentar a partir de ese momento el sudor en la frente para ganarse el pan, enfermedades y la misma muerte.

Nos enseñan desde pequeños nuestros educadores, no solo nuestros padres, lo que es bueno y lo que es malo, lo que tenemos que hacer y lo que hay que evitar. Lo que tiene premio y lo que tiene castigo. Inocencia y culpa. El siguiente nivel es llevarte a la idea de que ciertos comportamientos pueden causar tu perdición eterna; entonces, para evitarlo, has de confesar tus pecados. Y por mucho que con la edad en buena parte abandonas la idea de Dios que te han enseñado en la infancia y, consecuentemente, la idea de pecado, lo que se queda para siempre grabado es el juicio acerca de tu comportamiento. Y no necesariamente por los otros, pues tú mismo eres consciente en todo momento de si lo que estás haciendo es o no adecuado.

Lo experimenté cientos de veces. Por un lado, podía observar que algunas personas aceptaban plenamente esta idea bien para ser la oveja negra de la familia o para ser el niño bueno del que todos los padres presumen. El estudioso y el vago. El hombre de provecho o el que no hará nada en la vida. El bien y el mal como elemento esencial que va a estar siempre en la vida, no solo en las películas. En mi caso, fui más un buen hijo que oveja negra. Aprendí a evitar que se enfadasen conmigo y, en consecuencia, a no dar motivos para causar enfado. Aprendí a no hacer nada que perjudicase a alguien y conformarme con el resultado de estarme quieto y protegido en mi propia cueva, aunque, de alguna forma, por leve que fuera, no me hiciera feliz. Me habían mostrado unas reglas y yo había optado por mi forma de jugarlas, mientras que otros compañeros de colegio, por ejemplo, se empeñaban en que les aporreasen los vigilantes del centro donde estudiábamos. Entonces se hacía eso...

Así que cuando me casé y organicé mi vida laboral comprando el negocio de mi padre, inconscientemente trataba de reproducir la vida que había tenido mi padre. Y, muy especialmente cuando surgían los problemas, imitaba su carácter. Mi padre nunca tuvo una voz autoritaria en el ambiente familiar y ante las situaciones complicadas se encerraba en su biblioteca y se quedaba quieto. En mi caso, tras las primeras discusiones fuertes en el matrimonio, en las que dos personas nos experimentábamos una y otra vez en oposición incapaces de llegar a un acuerdo por pura intolerancia, descubrí que callarme era lo que ahora significaba quedarme quieto. Así, durante más de diez años, pues hice lo que se suponía que tenía que hacer por mi familia, no era considerado en casa más que de forma ocasional, se resintió la intimidad y cada día reconozco que fui menos feliz, pero puede conformarme con pequeñas cosas. Y cuando se rompió inevitablemente el matrimonio incluso me preguntaba que había hecho mal para tener que divorciarme. Es sorprendente que, incluso no siendo feliz, quieras agarrarte al modelo de tus padres. La culpa se apoderó de mí y solo el trabajo intenso de esos días evitó que entrara en depresión.

Culpa y pecado. Juntos para siempre. Juntos en la psique humana, aunque tantas personas ya renieguen de las religiones. Sin embargo, fuera de lo formalmente religioso, mientras exista la culpa, detrás camina el pecado y su consiguiente castigo de la mano. La enfermedad, el despido de un trabajo, un divorcio o el fracaso en un negocio te conduce a sentir culpa y algo inherente a la dinámica de la experiencia se transforma en un castigo.

Por el contrario, en este tiempo, escuchaba de la boca de mi tutor que era inocente. ¿Cómo era posible? *«¿Entonces no puedo hacer nada malo?». «No, ni nada bueno tampoco».* Me quedaba perplejo escuchando y dejaba que se fuera asentando en mí si era posible. Lógicamente me surgía la duda de que si las cosas que haces no son ni buenas ni malas, entonces cómo poder calificarlas... «*No hay que calificarlas. Las cosas simplemente son cosas, lo que haces simplemente lo haces y es experiencia del espíritu que te habita. Además, tú no lo decides...*».Todo lo opuesto a lo que experimentaba en el mundo.

No me fue fácil admitir esa idea con facilidad tras una vida creyendo en el bien y el mal, en la culpa, en ese pecado de origen que me hace poder ser malo. Ese pecado en el que, supuestamente, perdí la inocencia, expulsado del paraíso. Mas, sin embargo... «*soy inocente*».

El juego de la valoración

En el sueño que llamamos vida experimentamos las consecuencias de habernos separado voluntariamente de Dios, como si aquello hubiera sido real. Esa separación deja una huella de culpa inconsciente que dirige todos nuestros actos. En uno de los paseos de un retiro de silencio que hice unos años después, me dejé llevar por la imaginación...

Estaba en el Valle de Jerte y ascendía por la carretera que bordea la montaña, deleitándome con la visión del valle. El río al fondo dejándose oír entre las montañas que jalonan el valle trajo un pensamiento a mi mente. Mientras disfrutaba de la creación sabiéndome en unidad con todo, el paseo traía a mis ojos las infinitas formas que podía percibir de plantas, colores… Efectivamente, podía verme diferente de todo lo que me rodeaba y, sin embargo, me sabía en unidad con todo. La diferencia no era más que pura apariencia, por real que pareciese, pero la esencia, lo que en todo lo creado latía, era exactamente lo mismo.

Llegado un momento, por expresarlo de alguna manera, quise experimentar lo que significaba sentirme diferente a todo lo demás. A partir de ese momento ciertas cosas empiezan a gustarme más que otras. De pronto ese árbol me parece más hermoso que una planta rastrera de flores diminutas. Ese descubrimiento empieza a cambiar mi pensar porque ahora resulta que el verde intenso de la hiedra me parece más hermoso que el oscuro y pálido verde de un ciprés, poco brillante y, además, con unas hojas nada hermosas en relación con las hojas lobuladas de la hiedra, en su forma inconfundible. Y con esa experiencia de gustarme el verde de la hiedra y no el verde del ciprés voy caminando y observo flores de orquídeas con colores intensos y formas maravillosas, y a la vez, pequeñas flores blancas apenas visibles que, por un instante, miro con cierto desprecio. Y esta experiencia se sigue repitiendo en mi paseo por el campo de mi imaginación, encontrando lo que me gusta y lo que no me gusta, lo que me agrada y me lleva a aproximarme para verlo mejor, y aquello que piso porque no le doy importancia, ya que no tiene valor para mí. Antes valoré la esencia y ahora estoy valorando la diferencia. Antes experimentaba sin más, ahora valorar lo que veo se convierte en un ejercicio automático.

Como si hubiera hecho caso a la serpiente bíblica, ahora sé lo que es bueno o malo, tengo el conocimiento del bien y del mal y empiezo a experimentar separación. Ahora soy yo y frente a mí está el resto, ahora yo tengo el poder de aceptarte o de negarte, de amarte o despreciarte, ahora yo sé, antes sencillamente disfrutaba de todo y con todo. Y en ese saber quise decidir lo que Dios podría o no crear, y al darme cuenta, sentí vergüenza, como si me hubiera desnudado y estuviera siendo visto. Pues mi vergüenza fue saber que me estaba enfrentando a Dios.

Y dice la Biblia que Adán entró en un sueño profundo del que aún no despertó.

Es tan interesante el tema de la valoración, está tan imbricado en nuestra psicología, que hasta las leyes te lo recuerdan. No dejas de verlo en las películas, forma parte de las conversaciones valorar el comportamiento de otros, acusas o exoneras de culpa a esas personas o esas situaciones de manera que, de forma casi constante, la valoración acerca de las personas o de las cosas está presente en tu mente toda tu vida. Y no requiere ni siquiera que lo verbalices: basta un pensamiento. Y, si bien desde un punto de vista de lo real que experimentas en la unidad del silencio aquello es pura ilusión y el modo de experimentar separación, no por ello va a dejar de estar ahí constantemente.

Obviamente es necesario en la experiencia humana, si bien puedo darme cuenta del engaño. Imagínate en unos grandes almacenes escogiendo entre dos o tres prendas la que vas a comprar.

Tienes que hacer una valoración acerca de las mismas. Y para ello no sólo te miras a ti mismo con cada pantalón o con cada camisa, sino que imaginas lo que los demás opinarán para escoger la ropa más adecuada. ¿No has tenido esa experiencia? Seguro que sí, cuando escuchas frases como «es lo que se lleva este verano» o similares. Te sabes ante el juicio —la valoración— de los demás y deseas que sea un veredicto de aprobación, o sea, de inocencia. Y lo sabes porque pones a los demás en tu juicio. O bien a la hora de escoger hotel donde pasar esos días de vacaciones. En este caso, se trata de que al llegar al hotel tengas una buena valoración de ti mismo, que te sientas orgulloso de la elección que hiciste, entonces te pones ante tu propio juicio.

En toda decisión estás eligiendo entre las opciones que contemplas y cada una de ellas es analizada y adecuadamente valorada para que, a la hora de comprobar si aciertas el juicio, te devuelva a la inocencia. En el fondo, toda elección supone un juicio a ti mismo. Afortunadamente, la mayoría de las ocasiones son cosas sin importancia. Pero tu vivencia, tu experiencia, es de valoración o de juicio.

Y la valoración está tan dentro de mí, como lo está en ti, que al escuchar por primera vez de la voz de mi tutor que era inocente, resultaba difícil de asimilar a pesar de que en esos momentos de silencio pudiera sentir que no podía ser de otra manera.

Esencia tras la apariencia

El Hijo de Dios fue creado a imagen y semejanza del Padre, es decir, con su misma esencia. El Hijo de Dios es el Espíritu que me habita, invisible a cualquier mirada, oculto frente a la apariencia de las formas que percibo, pero dueño del silencio en donde lo encuentro. Un tiempo lo llamé mi guía interior, le puse un nombre, barba y túnica a modo hebreo y me recordaba que volviese pronto a encontrarme con Él. Más adelante lo llamé Maestro Interno y ahora mi verdadero Ser real, aunque en la intimidad no requiere de ningún nombre.

Se trata de una presencia que está cuando cierro los ojos y me desconecto de todo lo que percibo salvo la ligera música que me lleva y que ha sido y es luz en el camino. También se muestra cuando desconecto de lo que hago por unos minutos y cierro los ojos o me quedo mirando fijamente a algo. Está presente en la belleza de una puesta de sol, en el paisaje por el que camino lentamente llenando mi mirada con todo. Está siempre presente, pero solo a veces me doy cuenta. A veces me acuerdo de mi esencia y entonces sé que no me fui en realidad del paraíso, que no es posible un pecado de origen ni cualquier otro dictaminado por reglas morales. Otras veces, simplemente no me acuerdo; lo que percibo o pienso se apodera de mí y entonces me creo ser la imagen que veo ante el espejo y aparecen de alguna forma las viejas creencias, creo que puedo hacer daño a alguien y surge el miedo ante decisiones que nacen del corazón. Afortunadamente, este camino me ha conducido a poder recordar, unas veces pronto y otras más tarde, que la apariencia es puro personaje del que se sirve la Esencia en su deseo de conocer un mundo separado.

Tú y yo, entonces, en lo que aparentamos somos los personajes de esta gran historia que abarca a todo lo creado. Estamos en el lugar adecuado y experimentando el guion escogido en comunión con «todo». No es posible azar alguno si te reconoces como algo más que un simple cuerpo que un día nació a la vida humana de una madre y con el tiempo dejará este plano. Si te reconoces solo como un cuerpo, entonces aún no recibiste la luz que te saque de la oscuridad. Y este es tu papel en esta historia, ni mayor ni menor que el mío, un papel necesario, la experiencia de percibirse solo como materia y creer que el azar o el caos definen el mundo. En mi caso, quien soy en apariencia experimenta la vida sabiendo que soy algo más que pura materia, que no existe el azar y que todo sigue el guion de un gran argumento deseado en libertad.

Hay una imagen que tengo del comienzo de mis estudios universitarios cuando falleció mi abuelo materno y me encontré junto a su cuerpo sin vida. Ya había visto, unos cuantos años antes, a mi otro abuelo, más por equivocación que por curiosidad, pero en esta ocasión lo vi con detenimiento y me llamó la atención cómo había algo que diferenciaba a un cuerpo muerto de otro sencillamente dormido. Es algo que falta y que no se puede ver pero se percibe su ausencia. Es el Espíritu que sostiene la vida y solo puede percibirse en los efectos que tiene sobre las cosas. Carmen, una enfermera de Cruz Roja con la que hablaba en época de universidad y que se ganaba la vida asistiendo a enfermos terminales a domicilio, me contaba cómo ella sentía un frío aterrador cuando se acercaba la muerte a su paciente, simplemente cuando el Espíritu abandonaba ese cuerpo. Como en todas las ocasiones sucedía así, sabía cuándo avisar a la familia para que supiera que el enfermo se estaba yendo.

Siempre pensé que había algo más tras ese tránsito. Y había leído en mis comienzos de este camino un buen número de libros al respecto, que si historias de experiencias al borde de la muerte, que si vidas pasadas... y todo aquello más mi propio sentir me daba la plena seguridad de que había algo más. Por eso no he sido nunca visitante de cementerios, cuando alguien se va simplemente ello forma parte de este guion compartido, nada real ha muerto, el espíritu «se ha marchado» a otro lugar que no está en este plano y la materia se transforma y abona otra vida que expresará en otra forma el Amor de Dios en la creación. Puro movimiento de cambio en la materia y, sin embargo, tras todo cambio, algo siempre es, no sufre modificación alguna y se perpetúa: la vida «Yo soy» expresada a cada instante.

Al cerrar los ojos y entrar en meditación llega un momento en el que puedes percibir ese «Yo soy». De hecho, a pesar de los años que pasan tienes la sensación de ser el mismo siempre, la diferencia que encuentras es propia de las capacidades del cuerpo con el paso del tiempo. Soy el mismo que salía por las noches tres veces por semana y bebía mientras bailaba sin parar, pero ahora no puedo hacerlo. Sin embargo sé que soy el mismo aunque cambió la forma de percibir las cosas. Pero ser... soy «el mismo».

En la meditación ese «Yo soy» se vacía de toda forma y personalidad y se hace íntimo, familiar, protector y amigo. Muestra tu esencia, puedes sentirla. Entonces, en un juego de intimidad, puedes apoyarte en su regazo y dejarte allí en silencio, escuchando la nada y recibiendo todo. La sensación de pura plenitud, de paz y de gozo te llenan por completo. Te reconoces en ese momento en el «Yo soy» y aceptas tu verdadero «ser» real, quien tú «eres». Ese «Yo soy» lo compartimos todos los seres humanos, en realidad todo ser vivo, una vez que lo separamos del nombre que le hemos puesto. Ese nombre, el mío, por ejemplo, lo asocio a una personalidad que ya vas conociendo por estas páginas y que es fruto de las experiencias vividas y la huella que queda en el genoma de las experiencias de mis antecesores.

Lógicamente, para interpretar a mi personaje, debo tener una historia que me defina y que, en un momento determinado, creo ser yo mismo. Pero si me detengo, cierro los ojos o miro una maravillosa puesta de sol, me despojo de todo pensamiento, simplemente «soy», todo lo demás no importa. Y ahí me descubro… y es, sin duda, una experiencia que jamás voy a olvidar. Y que puedo tenerla tantas veces como desee. Ya no puedo volver a mirar de la misma manera. Ahora la búsqueda se ha terminado, mis inquietudes de trascendencia tienen una clara respuesta; nada hay que buscar fuera, pues toda respuesta está dentro. Ahora conozco mi «ser» real, aunque a menudo me vuelva a confundir con el papel que interpreto.

Responsabilidad de lo creado

Un nuevo sentir se empezó a gestar aquellos días en los que la guía de Agustín dirigía mis pasos. En lo meramente formal no eran los mejores. Mi vida de pareja se resentía profundamente, apareciendo sentimientos de miedo en sus más diversas formas. El trabajo ya no me ilusionaba y esperaba cerrar esa parte de la historia de mi vida vendiendo el negocio a la persona que estaba a la espera de ciertas decisiones que no me competían, pues el local donde estaba pertenecía a parte de mi familia. Ellos, tres de mis hermanos, no estaban por la labor de que cerrase ese capítulo, pues entendían que había una cierta traición por mi parte a la memoria familiar de manera que mis decisiones fueron interpretadas como un ataque directo del cual se defendieron haciendo imposible que pudiera llevarlo a cabo.

Para mí, su actitud era una traición, jamás pensé que pudiera suceder aquello y menos de tal manera, ya que cierta violencia verbal fue más propia de enemigos que de personas defendiendo posiciones diferentes, hijos de los mismos padres. Era algo que no estaba en mis planes, mientras que permitir que ellos siguiesen recibiendo lo suyo nunca lo puse en duda. Pero toda historia es subjetiva para cada integrante de esta, lo que importa es cómo uno es capaz de vivirlo. Desde una perspectiva dual, siempre el culpable será el otro, no cabe duda, nuestro ego está preparado para argumentar siempre en ese sentido, pues su misión es defenderte frente a cualquier ataque externo, sea o no de la propia familia, real o simplemente imaginado. Y si para ello hay que romper con la unidad familiar y expulsar al traidor, pues no hay reparo en hacerlo, ya que siempre el ego lo justificará como el mal necesario.

Desde una perspectiva no dual, las cosas se miran de otra manera. Cuando la visión es advaita, o sea, 'no hay dos', todo lo que sucede está en ti. Lo aparentemente externo no es más que la representación de un guion en el que has invitado a cierto número de actores para que hagan el papel que les asignaste. Tú eres el invitado de su historia y ellos son los invitados de la tuya. La historia es neutra, compartida, un simple contexto argumental con un conjunto de situaciones adecuadas para que los actores se muevan con base en sus creencias. De manera que cada personaje mirará aquello tal y cómo se le educó para que lo hiciera. Su propio contexto personal, lo que llamamos personalidad y carácter, determina automáticamente la forma de verlo y de actuar en consecuencia, y es, sin duda, el argumento perfecto para ese momento.

En mi caso personal yo lo iba a mirar de una manera diferente a cómo lo mirarían ellos, y cada uno de los tres lo harían de forma diferente. De esa manera estaba garantizado el conflicto que iba a generar el juicio o el aprendizaje. En mi interior se debatía la forma de ver la situación como lo hubiera hecho años antes —una batalla en la que determinar mis enemigos de por vida—, o bien mirarlo siguiendo las enseñanzas de la escuela, aceptando en primer lugar cualquier sentir que me llegase sin ocultarlo, por desagradable que fuese; en segundo lugar, la plena responsabilidad por lo que estaba sucediendo como deseo propio, y, para terminar, entregando en el silencio todo aquello, perdonando simplemente esta experiencia, una más, de separación. Pues, ciertamente, para mí, todo aquello, gracias a las enseñanzas de la escuela y a las sesiones con Agustín, no era más que pura experiencia de separación, con tal grado de incomprensión y tal sensación de impotencia que, al final, desbordó orgánicamente en una enfermedad... Por supuesto, un nuevo contexto personal, una nueva situación, que yo había deseado experimentar.

Cuando en las enseñanzas advaitas se habla de responsabilidad personal, no se está diciendo que el personaje de la historia tenga alguna capacidad de decisión. Naturalmente que yo, el que escribe esta historia, no quería vivir ninguna de las experiencias que relaté anteriormente y que fueron muy desagradables. Por supuesto, cada ser humano desea siempre ser feliz, cierta cantidad de dinero que le permita vivir confortablemente, una buena pareja que le dé afecto y momentos de goce corporal —o tal vez disfrutar de la soltería—, viajar en vacaciones y sacar adelante su vida y a su familia. Y salud... por encima de todo. Desde luego que nadie desea nada que se oponga a su ansia de felicidad.

No, la responsabilidad personal está en aceptar que no siendo yo —la figura que veo en el espejo y me representa— el que escoge las experiencias que voy a vivir, sin embargo soy Yo, el Espíritu que, habiéndose subjetivado en mi alma, habita y sostiene mi vida humana, pero se esconde tras la apariencia, quién lo hace. La forma, que caduca en el tiempo, que lo que sucede en el mundo de las formas pueda ser experimentado por el espíritu y se experimente como tal. Consciente de ello en mi interior, puedo decidir permitir lo que sucede o rebelarme ante ello. La experiencia será la misma, mi actitud ante ella diferente, según lo mire.

Por supuesto que ante cualquier situación o contexto humano que requiera mi intervención como tal, como resolver una situación en concreto por ejemplo, voy a poner toda la capacidad humana que esté en mis manos y mi conocimiento para su resolución. La diferencia está en hacerlo desde una posición de permitir lo que sucede o no hacerlo; en todo caso, mi comportamiento no tendrá por qué ser diferente. Aceptar o permitir una situación no implica una respuesta de victimismo, de pasividad, ante lo que sucede. Todo lo contrario, permitir un contexto es tratar de resolver lo humano activamente desde el amor.

Cualquier acto creativo lleva implícita toda la capacidad del creador. En la creación de un cuadro el autor no limita su creatividad, la desborda y se da por completo. En nuestro mundo lo llamamos arte, literatura, fotografía... también lo llamamos obras de ingeniería, donde toda la capacidad de su autor queda reflejada en el resultado final: es todo lo que es posible ser.

El acto creativo de Dios en el *big bang* de la creación no tiene límite alguno. Todo lo que es posible crearse se crea y todo lo creado lleva la marca de su creador. Absolutamente todo. Por eso, si Dios es pura potencialidad, el universo creado es ilimitado en formas y mundos, en historias y contextos. Todo lo posible se da, sea lo que sea, no existe juicio alguno sobre el resultado porque es pura experiencia de Dios a través del espíritu mediante las formas que son creadas. Dios no puede tener la experiencia «angustia» si no es a través de una forma que tiene la experiencia que produce angustia. Pues Dios, en su inmensidad y puro amor, no puede «sentir» más que el mismo amor y todo lo que no es amor solo expresa el miedo.

De ahí que cuando en una experiencia como las que he relatado acepto mi responsabilidad, lo que estoy aceptando es el deseo de mi espíritu en experimentar ese contexto, que es uno de los infinitos contextos de la creación. No es un acto personal de la imagen que veo en el espejo, solo a través de esa forma puedo aceptar el contexto como deseado, y esa aceptación también forma parte ahora del contexto.

Como tal experiencia en el tiempo, como tal deseo de experimentar separación, los opuestos —lo que llamo bueno frente a lo que llamo malo, lo que llamo alegría frente a lo que llamo tristeza— son, no solo posibles, sino además, necesarios. Pues si todas las experiencias de mi vida fueran en un solo sentido, estaría negando una parte de la creación, todo aquello que no me gusta, y eso es sencillamente imposible. Dios no puede estar limitado en su creación, no puede crear solo aquello que para mí —o para ti— sea de nuestro agrado… porque, además, sencillamente no sería lo mismo para ti o para mí, y, entonces, ¿el deseo de quién prevalecería? Es sencillamente absurdo. La limitación a la creación de Dios es fruto del juicio humano y, como tal, define la separación.

La perfección del momento presente

Regreso a aquellos días en los que me encontraba con Agustín en las sesiones semanales del curso de Integración de la Escuela del Perdón. Regreso a esos sentimientos que se apoderaban de mi mente y de mi corazón, a esos momentos en los que parte de mi familia trataba de impedir que pudiese vender el negocio, pues el local le pertenecía a una parte de ellos. Años antes ya había decidido que esa parte de mi vida llegaba a su fin.

Tengo una mente inquieta a la que le gusta hacer un montón de cosas, apenas tenía responsabilidades, pues mi hijo ya caminaba solo por la vida, y la opción de vender el negocio y dedicarme a otras cosas se hacía cada día más fuerte. Aquella decisión puso en marcha un tsunami de sentimientos que nunca hubiera imaginado. De pronto, las palabras te golpean cuando escuchas «te odio porque te quise». ¡Qué cosa tan impresionante! La verdad es que siempre me llamó la atención el hecho de que una pareja tan enamorada al principio acabase a bofetones jurídicos, por ejemplo. Pero lo mismo en relaciones de hermanos, compañeros de trabajo, padres e hijos… La cuestión es la definición del verbo querer que se manifiesta en esas situaciones. Querer significa que has de mantenerte en los niveles de valoración adecuados para esta, pues si haces esto, te quiero y si no lo haces, pues no, te odio. Es decir, para que me quieras has de manejar mi vida en cierta parte, aquella coincidente con tus estándares de valoración.

En mi historia personal, la valoración estaba en la medida en que mantuviese el negocio familiar que años antes había adquirido. En otras palabras, para recibir el cariño de ciertas personas no me quedaba otra que trabajar allí toda mi vida para no incurrir en una supuesta traición a la sangre. Claro, cuando esto se ve con meridiana evidencia, las consecuencias son devastadoras, pues sabes que si sigues adelante con tus deseos vas a perder a buena parte de tu familia. Y esta es la historia que en aquellos momentos mi alma, como expresión de Dios, deseaba experimentar. Afortunadamente quiso que fuera cuando, de forma fortuita, aterricé en la Escuela y tenía orientación cada semana.

Tenía que aprender en aquellos días a mirar con inocencia y aceptar que lo que sucedía en mi vida era puro deseo del Espíritu que me habita. Y fue muy complicado aceptar en ese momento la perfección del momento presente. Si mantenía una visión dual, o sea, si seguía mirándolo como antes, tenía garantizado no solo el sufrimiento de esos días sino probablemente que no les perdonaría en la vida. No podría soportar la mirada de unas personas con las que había tenido todo tipo de detalles, que se llamaban mis hermanos, pero que exigían que viviese mi vida de la forma en que ellos querían.

La traición era en las dos direcciones. Era su sentimiento y era mi sentimiento, lo fue como una puñalada el día en el que se terminó toda negociación, pues, aun estando todo acordado, decidieron no alquilar el local. Estaba solo en el salón de mi casa y me sentí perdido, completamente abandonado. No había otro local adecuado en la ciudad, no sabía qué iba a hacer. Nunca me había sentido así, no terminaba de creérmelo. Pero era lo que había decidido experimentar en ese momento, era el puro deseo creativo de un Dios que en mí quería tener esa experiencia.

Unos días después apareció un local de forma casual. Era el local que siempre había querido tener, que quise comprar pero renuncié a ello. Como dice una frase: lo que es para ti lo será aunque no lo quieras, lo que no es para ti no lo será aunque lo quieras. El guión de la historia personal de cada uno es, sin duda, el mejor. El único posible. Así que todo aquello me llevó a comprender y comenzar a aceptar la total perfección del momento presente, la inocencia de los personajes que había invitado a mi historia e incluso mi propia inocencia.

Hace un par de años moría en un accidente de tráfico una gran mujer, Isabel, dueña de su negocio de alimentación *gourmet*, razón por la cual la había conocido, tanto a ella como a su marido. Cuando iba a trabajar por la mañana, un coche a una velocidad exageradamente inapropiada se empotró contra su coche en la puerta del conductor y la mató en el acto; el conductor tuvo el mismo destino. Dos niñas pequeñas sin el cinturón de seguridad pudieron salvar la vida tras semanas en la UCI del hospital. Su marido escribió unos días después un texto en las redes sociales con culpas y reproches, deseando que aquello no hubiese ocurrido. Pero para ello hubiera sido necesario que Isabel hubiese salido medio minuto antes o un poco después, que, aun yendo a velocidad adecuada, hubiese ido un poco más lento o más deprisa, apenas unos kilómetros más o menos, que el otro conductor hubiese salido antes o después… en definitiva, que la experiencia no se hubiera dado como se dio, y eso no es posible, pues lo que fue no pudo ser de otra manera. Pensar se puede pensar lo que se quiera, pero la historia es como es y no de otra manera.

Y lo que era entonces en mi vida solo podía ser de la forma en que era. No obstante, es lógico que te aferres mentalmente, en un ejercicio inútil, a la idea de lo que hubiera sido posible, no quieres la experiencia presente y tratas de evadirte pensando en cómo podría haber sido. Y mi caso no fue la excepción. Un día, y otro también, pensaba en cómo hacer que lo que estaba pasando no fuera como estaba siendo. Inútil esfuerzo, pues solo había un camino, aceptar la perfección de ese momento. Pero ¿cómo aceptar que la ruptura familiar que se estaba dando fuese algo perfecto? ¿Cómo aceptar Pedro la perfección del momento presente en el que Isabel moría en un accidente absurdo?

Y así, en ese tiempo, me fui dando cuenta del movimiento que se da en la mente entre la visión transpersonal advaita de la realidad y la visión terrena, obvia en la percepción de mis sentidos, de que tal vez las cosas hubieran sido diferentes si hubieran cambiado la serie de acontecimientos, es decir, si la historia fuese diferente. Pero eso no es posible. Lo que fue jamás podría ser de otra manera, aunque la soberbia humana tratase de cambiar con interpretaciones diferentes la historia. No por mucho pensar o desear otro presente este iba a cambiar, y lo único a lo que me conducía, personalmente, era al sufrimiento.

Sin embargo, la resistencia humana a la aceptación del propio deseo de experiencia está tan arraigada que la mayor experiencia de la separación es tratar de vivir ausente del presente, del hoy y del ahora, de este momento en el que lo que es, sencillamente va a seguir siendo. Y cuando vivir en el pasado no soluciona nada, entonces aparece en tu mente la proyección al futuro, imaginar un tiempo en adelante en el que lo que hoy es, dejara de serlo y lo que fuera a ser, se acomodará a mis deseos. Y como es imposible adivinar el futuro por mucho que mi imaginación así lo construya, cuando este se aproxima y nada cambia o el cambio no es en absoluto el que yo deseo, entonces vuelve la frustración, el juego de volver a mirar el pasado y después el otro juego, el del deseo del futuro que es anhelado.

Cuando me divorcié, años atrás de la experiencia con mi familia, el golpe fue devastador. Había tratado de simular la relación de pareja de mis padres, poco original por cierto, en la que el marido sencillamente se encarga de cubrir las necesidades familiares, se somete al criterio de su mujer para evitar discusiones y se refugia en sus *hobbies* —en mi caso, el diseño gráfico, la fotografía y los mercados, mientras que mi padre lo hizo en sus libros— y que, con ello, la relación se perpetuara en el tiempo. Incluso hice posible que Victoria pudiera tener su propia independencia con una franquicia, de la misma forma que mi madre tuvo su propio comercio cuando mi padre cambió de local el suyo y lo dejó libre. Es curioso cómo hasta los detalles se repiten...

De esta manera todo tendría que funcionar igual de bien —no digo perfectamente— que como lo hizo en la historia vital de mis padres. Entonces puedes imaginarte que, cuando recibí la noticia de que mi mujer ya no quería seguir conmigo, el efecto fue devastador. ¿Cómo es posible que habiendo hecho absolutamente todo lo que yo creía necesario para que funcionase, la pareja se fuera al carajo?

Me recuerdo sentado en la cama de nuestro dormitorio, absolutamente hundido, no creyendo que eso pudiera estar pasando y tratando de pensar cómo podría hacer que no pasase. Y, como es lo habitual, fuimos dando los pasos para deshacer el matrimonio, pero en mi mente se proyectaba la idea de que unos meses más tarde —hasta tu intenso deseo lo limita a un tiempo más o menos corto— todo pudiera volver a ser lo mismo. Se daría cuenta de que había cometido un error, buscaría la comodidad que tenía y que por su decisión perdía, despertaría de la ficción de que «es mejor la otra orilla», para ver que en realidad la otra, la que tenía, era mucho mejor y todo habría sido un espejismo, cuando, en realidad, la única ficción de ese momento se estaba dando en mi pensar, en la huida del triste presente para imaginar un feliz futuro que naturalmente no sucedió de esa manera. Pues sí, el futuro me iba a traer momentos de inmensa felicidad, como ya conté en la primera parte de esta historia, pero no tal y como lo imaginaba. Por ese hueco de infelicidad y tristeza se metió la luz de la verdad de mi «ser» y, refugiado en mis silencios, recibí regalos para saberme en el camino correcto.

Cuando una dura experiencia te golpea en la vida, cuando todo se desmorona y parece que ya nada tiene sentido, cuando te rindes a lo que sucede y ya no quieres controlar los siguientes momentos presentes, entonces eres llevado al conocimiento de la luz que apenas has vislumbrado en la intimidad de tu silencio. Ahora, permites que Dios te coja de la mano, cierre la puerta de ese tiempo y te conduzca al siguiente.

Actuar desde la paz

Siempre me ha gustado esa historia en la que se cuenta que la vida es un tren en el que suben personas y bajan otras cuando hace paradas en su recorrido. Abrazas con afecto a las que te dejan por lo que te han dado y recibes con una sonrisa a las nuevas, expectante de lo que vaya a suceder. Y tengo que decir que lo que hoy soy no hubiera sido posible sin Victoria y sin que Victoria hubiese decidido dejarme. Comprometido con ella en un proyecto, conocí el mundo del silencio y, sin ella, el compromiso con esa intimidad fue mucho mayor y abundante de experiencias de plenitud.

Después apareció Patricia tras una dura experiencia emocional previa. De nuevo el compromiso me fue llevando al punto en el que estoy hoy. Mas, en aquellos días de aprendizaje y tutorías con Agustín, la relación no pasaba por sus mejores momentos.

Habíamos experimentado situaciones duras en las que la vivencia de la separación nos había alejado. Al punto de considerar la idea de dejarla, cargándola con todas las culpas. Pero se habían repetido tantas experiencias de las que tuve con Victoria, que se apoderó de mí la inseguridad al pensar que se podrían repetir con otra persona y escuchaba con atención cuando Agustín me decía, «hagas lo que hagas, que sea desde la paz de tu corazón». Confieso que la primera vez que se lo oí no lo entendí, me pareció una frase maravillosa, pero ¿qué significaba realmente? En ese momento no lo sabía. Sin embargo, esa experiencia estaba ahí para aprenderlo.

Actuar desde la paz es sin duda actuar sin rencor, sin juicio, sin culpas. Es una actitud interior, nada tiene por qué ser diferente en lo externo, puedes irte o quedarte, pero igual puedes hacerlo culpando o viendo la inocencia del otro. En primer lugar, siempre desde una visión trascendente, se trata de aceptar que lo que vives es exactamente aquello que tu alma ha decidido que experimentes sin quitarle el más mínimo matiz. Lo que vives es el efecto de una causa que no es de este mundo. Poco a poco se va haciendo fuerte en ti la idea de que lo que sucede está siendo en el pensamiento de Dios y que, por tanto, no es posible limitarlo, ni condicionarlo, ni negociarlo.

Tú, el que experimenta en el mundo de la materia, simplemente eres un canal, un elemento de comunicación entre Dios —el espíritu— y la materia. Solo lo material se puede experimentar en el mundo de la forma, solo lo que no es de Dios se puede conocer mediante un pensamiento divino y únicamente a través de la experiencia en la forma. Dios no puede experimentar separación puesto que es unidad, Dios no puede experimentar la oposición o el enfrentamiento salvo que lo haga en un «sueño» en el que los participantes habitan el mundo de las formas. Dios no puede experimentar la experiencia de que haya «otro» porque solo Dios «es». Tiene que experimentar la idea de «otro» en un mundo en el que haya esa apariencia de unos y de otros. Y, puesto que ese mundo no puede ser real, entonces se experimenta en un «sueño» en terminología de Un Curso de Milagros, «maya» en terminología oriental. En realidad, la experiencia es en Dios, se da en el «pensamiento» de Dios.

Si comprendes que este mundo es un conjunto de efectos, no de causas y, en consecuencia, que lo que experimentas aquí ha sido decidido en «otro plano», entonces es mucho más fácil ver la inocencia en todo, por tanto, también en el otro con el que estás en oposición, en enfrentamiento. Si ves la inocencia, dejas de ver la culpa; si ya no hay culpa, no es posible el rencor; si no hay rencor, entonces encuentras la paz. En este punto la experiencia carece de juicio, se muestra en toda su neutralidad y te limitas a jugar el papel que se te ha asignado, que no es otro que ser tú mismo en relación con lo que se da en tu escenario vital. Y sabes que los que parecen otros hacen exactamente lo mismo, son efecto del deseo de una experiencia, y necesarios para que sea tal y como ha de ser y, de hecho, es.

Sucede, de nuevo, que la experiencia de la separación es tan creíble e intensa, tan obvia como percepción de los sentidos, tan resolutiva como efecto de un sentir programado justificado por el pensamiento, que complica la visión de la inocencia que recibes en la intimidad del silencio. Y se inicia un camino que te va a acompañar el resto de la vida, el recuerdo de tu ser real frente a la percepción de tus sentidos. Es inevitable. Y toman sentido, como si me las acabase de decir, unas palabras de Agustín en una de nuestras sesiones —«Tomás, este no es un curso que haces y ya está, esto es una forma de vida»— que en aquel momento me dejaron pensativo. Pues, hasta ese momento, todo curso siempre había tenido su principio y su final. Ahora no. Ahora era para siempre.

En una tutoría fui invitado a cerrar los ojos y dejarme caer en el silencio. A continuación, fui guiado a poner en mi mente a la persona con la que tenía el conflicto y, poco a poco tranquilamente, suavemente fue desapareciendo toda imagen de culpa para dejarme ver la inocencia de la otra persona. Como yo, era otro canal a través del cual el mismo espíritu que a mí me habita lo hacía en esa «otra» persona. En un momento puedes ver su corazón, puedes percibir sin sentidos la unidad y sonríes al darte cuenta del juego. Después abres los ojos, sigues caminando y llegará el momento de otra experiencia en la que aparezca el conflicto, y puede que te dejes llevar por él y vuelvas a experimentar la separación. Pero pronto recuerdas la vivencia del silencio, el juego en el que participas, y la energía del conflicto desaparece.

En este tiempo apareció este juego de mirar las cosas de ambas formas, de culpa e inocencia, de amor y de miedo, de humano y divino. Sé que me acompañará siempre y será siempre una maravillosa oportunidad para reconocerme en mi verdadero ser real.

3

Un nuevo tiempo

Cuando lo nuevo se va abriendo paso entre lo viejo,
entonces llega el nuevo tiempo.

Había decidido hacer solo el curso de Integración en la Escuela del Perdón. Lo demás no me parecía adecuado para mí, no entraba en la escuela para interactuar a modo de acompañante o facilitador con otras personas. Lo mismo había decidido con el postgrado de Bioneuroemoción del instituto de Enric Corbera; la formación era para mi mejora personal exclusivamente. Pues bien, hoy soy facilitador de la Escuela e interacciono periódicamente con otras personas haciendo facilitaciones.

Cómo inicias un camino y cómo sigue una vez que la luz de lo nuevo se va abriendo paso entre la oscuridad de lo viejo, no tiene nada que ver. Como humanos, tenemos la necesidad de controlar, hacemos esto con la idea de que obtendremos eso y nos moveremos dentro de los parámetros previamente establecidos por nuestra idea de control. No queremos sorpresas. Lo cual deviene en frustraciones. Pero la vida es un flujo imparable que no se puede detener o controlar con la mente, a pesar de que continuamente estemos intentándolo.

Ese ponerme límites a lo que estudiaría en la escuela, no era más que un vulgar intento de control. El proceso de los casi seis meses —entonces, hoy el curso tiene mayor duración— había sido enormemente transformador, y al terminar puse muy poca resistencia a la invitación para hacer Facilitación. Y puedo decir algo similar a cuando terminé este curso. En el mismo tiempo del curso, la escuela anunciaba que iniciaba una nueva formación, Expresión, que esta vez sí que me parecía de un nivel para el que no estaba preparado. ¿Crees que me resistí a la invitación para hacerlo? Ya sabes la respuesta: en absoluto. Se estaba dando en mí un proceso que ya estaba fuera de control, toda la frialdad de la mente a la hora de analizar estaba siendo arrastrada por una necesidad del corazón de seguir donde la Escuela me llevase.

Durante el curso de Facilitación y sus prácticas, empezó a cambiar un poco mi forma de meditar. Ahora, el proceso meditativo seguía una especie de guion, el desarrollo de una idea que llevaba al rincón preparado de mi intimidad en el que me unía a mi Maestro Interno mientras humeaba una taza de café. La intimidad se hizo mayor que antes cuando la relación pudiera definirla como más formal. Tomaba un texto del material que me entregaban y lo llevaba a ese espacio de silencio, dejando que las palabras surgieran hasta que se hacía el silencio en el que me dejaba por un tiempo. Fueron unas semanas apasionantes, grababa mis meditaciones y las guardaba para poder hacerlas posteriormente. Cada día tenía una cita con ese momento creativo en el que me aislaba en la habitación y me dejaba llevar por el proceso.

Un día apareció en mi vida uno de esos momentos de gozo, de atracción a lo real aunque invisible, grabando una meditación en la que fui transportado a otra de esas experiencias que me han marcado el camino, a otro de esos momentos en los que hay un antes y un después y que no voy a olvidar nunca. Reconocía en el silencio la Presencia de forma real, al dejarme llevar por un enfoque de la escuela, unas frases iniciadas por un «estás aquí» tras el que surgieron otras frases y, después, un sentir de abrazo real, de imposible soledad, de compañía completa en el que nada, nada en absoluto, podía faltar. El abrazo fue tan real que mi propia corporalidad sintió de otra manera. Es difícil expresarlo con palabras porque el momento tampoco se da en términos que la mente humana pueda explicar con frases más o menos exactas. Se dio un sentir tal en el que me desprendí de todo, como si de pronto la corporalidad desapareciese y solo quedase patente mi propia presencia en la misma «presencia» que me rodeaba. Solo había un maravilloso sentir ante el que permanecí estático, deteniendo el tiempo, deseando que la experiencia corporal acabase para fundirme en el espacio eterno en donde realmente permanezco a pesar de que los sentidos me muestren un mundo de formas y de tiempo.

Había estado pensando semanas antes ir a uno de los retiros de silencio que organizaba la Escuela durante el verano. Pero, una vez más, dudaba de que aquello de permanecer en silencio por cinco o seis días fuese para mí, a la vez que revisaba en mi mente si hacía la nueva formación de la Escuela para la que no me sentía preparado. Pero la Luz que te va conduciendo en el camino ya tiene previstas todas esas dudas, que no son más que manifestaciones del miedo, y en su sabiduría me fue presentando opciones en las que el salto siguiente sería el adecuado. Y por aquellos días surgió la invitación a un retiro de fin de semana en Conil de la Frontera y me pareció perfecto tener esa primera experiencia de silencio más de veinte años después del que hice con Nicolás Caballero y —me hace gracia la expresión— probarme a ver si era para mí. Al decidir que iría al retiro, de alguna forma supe que también haría el curso de Expresión, en el que me encontraría con más experiencias de silencio. Y, no obstante, una parte de mí estaba temerosa, como si entrase en un mundo que desconocía por completo.

Retiro de silencio

Conil de la Frontera es un maravilloso lugar en la costa de Cádiz, donde las puestas de sol frente al mar son realmente únicas. Y si además la puesta de sol puedes experimentarla en un contexto de introspección y de silencio, de contacto con tu verdadero «ser», pues la experiencia se graba en tu memoria como uno de esos regalos a lo largo del camino.

El lugar, entre casas de campo, una de ellas con unas ovejas con sus respectivas crías a las que observaba en mis paseos de contemplación, no era nada cómodo. Había que compartir el baño y la temperatura por la noche a finales de enero era un tanto fresca por lo que era preciso alimentar una chimenea en la sala donde habían dispuesto varias camas con suficiente privacidad, una de las cuales me correspondía a mí. Ciertamente, nunca había dormido en esas condiciones pero permití que se diera la experiencia tal y como se estaba dando. Antes de cenar e ir a dormir, pude conocer la otra sala, donde pasaría muchos momentos de silencio, preparada para las sesiones en las que íbamos a participar de la guía de quienes iban a dirigir el retiro.

Explicar qué es un retiro de silencio puede ser sencillo o complicado. Sencillo si lo haces con relación al cronograma del día: ratos de silencio y ratos de reuniones en una sala para escuchar y comentar los puntos propuestos para llevarlos a la introspección personal, ratos de meditación, espacios para comer en absoluto silencio y un poco de ejercicio al amanecer. Pero si tratas de explicar lo que sucede en un retiro es más complicado porque la vivencia es individual. ¿Qué pasa por tu mente en esos espacios de silencio? ¿qué sucede en ti cuando comienzas a caminar sin rumbo fijo, reflexionando sobre lo último que has escuchado? ¿Aparece esa mente crítica para valorar en positivo o negativo lo que has oído? ¿Qué sucede con esa necesidad de hablar o de consultar el teléfono móvil? Pues pasa un poco de todo, pero solo pasa en ti, en la forma en que ha de ser en ti. Poder meditar frente a la puesta de sol fue, en mi caso, un momento maravilloso.

Fuimos a la playa la tarde del sábado un poco antes del atardecer, caminé un rato por la playa y encontré el lugar al que fui llevado, algo alejado pero frente al mar, cerré los ojos y me sentí tan cómodo que me costó volver a abrirlos. Fue, probablemente, la mejor de las experiencias. Sin embargo, el retiro tuvo otro efecto en mí que no lo esperaba en absoluto.

Quiero decirte que yo siempre he sido bastante cerebral. Al menos así me he considerado hasta el momento del retiro —aunque, como he relatado, he tenido momentos de un sentir intenso que escapaba a la razón—. Trataba de entender todo lo que estaba aprendiendo, sentirlo era algo que no me importaba tanto; si se daba, estupendo, pero si no se daba, no tenía importancia. Yo quería entender. Quería entender el asunto de la separación, la gran proyección que hace posible la experiencia compartida de este mundo, los procesos de la mente y sus memorias que nos condicionan, en fin, lo que estaba encontrándome en la escuela. Y solo con un proceso continuo de desgaste del deseo de entender se abre la puerta del sentir. Y en el retiro, la verdad es que fue sencillo, por un momento, cuando al terminar el mismo y antes de irnos, empezamos a abrazarnos unos a otros. Me dejé llevar, no sé cómo, porque aquello no lo había experimentado nunca, como confesé en público: fue la primera vez que yo abrazaba a alguien, fuera de mi propia pareja, claro, pues ni siquiera lo hacíamos entre los hermanos en mi familia. Y la verdad es que me sentí bien, como nunca.

Ahora, al escribir esto, veo tan claro el proceso que, no por menos, sonrío a mi «ser», pues en ese día se abrió una parte de mi sentir para prepararme para la siguiente parte del camino, la siguiente formación que haría en la escuela.

El miedo al silencio

Hay miedo a estar en silencio. Esta experiencia me la he encontrado en varios momentos cuando, conversando con una persona acerca de la meditación e incluso animándola a practicarla juntos, aparece un rechazo que al principio no podía entender. Yo siempre he sido de probar las cosas; mientras algo no me pusiese en peligro o fuera contra mi manera de ser, pues probaba. Así fue como empecé a meditar, probé y me sentí bien.

En la meditación estás en silencio, en un retiro estás en silencio. En cierta ocasión, había quedado con mi amiga Montse en Madrid para conversar y pasar un rato recordando historias de adolescentes. En ese período juvenil de la vida, mis ojos y sus ojos se habían encontrado y, como adolescentes que descubren el amor, tratábamos de buscarnos en los recreos del colegio cuando en una pequeña ciudad como la mía los chicos se encontraban —pero no se mezclaban, salvo los más atrevidos— con las chicas. Caminando por Madrid entramos a una iglesia a la que ella le tenía mucha devoción y nos sentamos en uno de los bancos de las primeras filas. Estaba hablando de meditar, de cerrar los ojos y dejar que sucediese lo que fuera. Le contaba que me gustaba hacerlo en las iglesias por la paz que se sentía dentro de ellas. Tal vez le contara mi experiencia en Salamanca cuando en la meditación se dio aquel momento mágico que ya he relatado. La invité pero se negó a acompañarme permitiéndome que estuviera unos minutos en silencio mientras ella me esperaba. Cuando terminé me dijo que había intentado meditar en ocasiones pero que al cerrar los ojos no se sentía bien, era muy incómodo; yo diría que aparecía el miedo.

El miedo era aquello que me detenía a mí a hacer el primer retiro de silencio. Lo llamas de otra manera, aburrimiento, no voy a poder estar callado, etcétera. Pero en realidad es el miedo a estar con uno mismo. El miedo a dejar de estar entretenido con las cosas de la vida, con la droga de todo eso que se nos hace imprescindible para vivir y que sin ello todo sería muy complicado. ¿Qué sería hoy si desapareciesen los teléfonos móviles frente a los que nos pasamos horas? ¿Qué sería hoy sin internet, sin ordenadores, sin coches que nos llevan de un lugar a otro, sin calles llenas de escaparates, sin gente que nos rodea, sin ese ruido de fondo al que estamos acostumbrados? Precisamente un retiro de silencio es eso: estar sin todo eso, estar quieto ante un paisaje o con los ojos cerrados en una esquina recogida de una sala cualquiera. Y, sin embargo, la experiencia, cuando das el paso para probarla, va a marcar tu vida con un antes y un después, decidas lo que decidas.

Mientras escribo esto, apenas hay un ligero ruido de fondo que casi tapa el producido al teclear las palabras. Estoy viviendo solo en estos días junto al mar, en una urbanización en la que solo hay ruido en julio y agosto, o cuando al jardinero le da por recortar los arbustos o el césped, y te puedo asegurar que, en muchos momentos, el silencio es incómodo, me paraliza, nubla mi mente y se llena de posibilidades para evitarlo. Sin embargo, en unos momentos, cuando deje de escribir, voy a estar un buen rato meditando en silencio. Y no va a ser nada incómodo, eso está asegurado, contrastando ese silencio con el otro silencio incómodo y paralizante. Y en realidad no hay mucha diferencia, ¿verdad? El silencio es simplemente silencio, ausencia de ruido. ¿Qué los hace tan diferentes? ¿Qué sucede para desear uno y acudir una o dos veces al día a experimentarlo, o intentar que desaparezca el otro silencio poniendo música o la televisión? ¿Te has dado cuenta de esas personas que nada más llegar a casa ponen la televisión? Vienen de estar en el bullicio de la ciudad, del bar o del transporte público y no pueden dejar de estar oyendo algo. En mi apartamento, nada más llegar, suena una música suave que he programado, el altavoz tecnológico de estos tiempos detecta mi presencia por el móvil y me pone esa música. La casa me recibe.

¿Qué hace a esos silencios tan diferentes?

Un pensamiento. Solo un pensamiento, nada más.

Cuando llego a casa y está en silencio, aparece un pensamiento de soledad que trato de evitar con esa música. La idea de soledad es angustiante, es incómoda, altera mi fisiología, porque la soledad está asimilada al peligro. Es por eso por lo que vivimos en ciudades, los animales viven en manada o en pareja con sus crías e incluso hay más de un ejemplar de una planta en un pedazo de terreno, salvo que haya sido plantada por nosotros —aunque con el tiempo crecerá otra muy cerca—. Es una idea grabada en una especie de memoria universal de todo, es la consecuencia lógica del deseo de experimentar la separación cuando decido verme diferente del resto, solo ante el resto.

Cuando decido meditar, estar en silencio, ese pensamiento me lleva hasta Dios. En el silencio me encuentro con lo divino, con mi «ser» real, con la verdad de la experiencia. En este momento vuelvo a la unidad, me siento en paz, tranquilo, a gusto, completo y no me falta nada, lo tengo todo y experimento la felicidad de «ser». Antes, en la soledad de llegar a casa, me faltaba presencia; ahora «soy» presencia. Antes era una persona sola, ahora soy «todo».

El miedo a la soledad no es otro que el miedo a no ser esa persona que se ve frente al espejo. Es el miedo a la muerte.

Aprender sintiendo

Me apunté al curso Expresión, un curso de contemplación que resultaba lo más avanzado que ofrecía la escuela. Y llegué al lugar donde tendríamos el primer encuentro en un fin de semana de silencio de los cuatro que formaban parte del curso. Iba como aprendiz al mismo lugar donde iban los que nos enseñaban en las tutorías y sesiones por internet. Esa era mi primera impresión humana, un simple alumno rodeado de tutores, lleno de cierta incertidumbre de cómo serían esos días. Y conforme fueron pasando las horas y las sesiones, mi mente dejó paso al sentir porque no era capaz de seguir las explicaciones, no entendía tantas cosas que sencillamente observaba pero dejaba que lo que sucediera me penetrara. Y la experiencia fue completa, sentida, llena de paz y con la voluntad plena de dejarme, de rendirme y de que pasara lo que tuviera que pasar.

Por el campo que rodeaba la finca pude entretener mi pensar en lo que iba escuchando, fui recibiendo ideas y encontrando una intimidad que aún no se había dado. Ahora ya no era dejar unos minutos a lo largo del día para ese silencio, sino un casi continuo silencio solo interrumpido por las sesiones de aprendizaje y puesta en común. Y no fue una situación cómoda para el Tomás humano acostumbrado a ocupar su tiempo en todo tipo de cosas. No soy una persona que se esté quieta mirando la televisión por horas, ni leyendo un libro toda una tarde, aunque pueda dedicarle tiempo. Necesito actividad, hacer cosas, tal vez ocupar la mente de tal manera que absorta en lo que hace, no se vaya a entretenimientos más frívolos, la pasividad que conduce al vicio, como decía mi abuelo materno. Así que caminar despacio por un terreno más o menos extenso, con sus arbustos y algunos árboles, sus asientos y espacios recogidos para la introspección no me resultó al principio demasiado cómodo. Y reconozco que en más de un momento acudí a alguna distracción en el móvil para apagar esa incomodidad y luego regresar a lo que estaba haciendo.

En el retiro que hice en Conil unos meses antes, en los ratos de silencio caminaba por los caminos y carreteras junto a la casa alejándome hasta casi la hora de la siguiente reunión y entretenía mis ojos observando todo, y entre un pensar y otro conversaba con mi Maestro Interno. Aquí, junto la sierra de Madrid, con un frío propio del invierno y en un espacio más reducido, no tardaba mucho en regresar a la casa y sentarme en una de las zonas dispuestas para la reflexión y seguir el guion que me habían propuesto. Pero no fue fácil, el no hacer nada es tan contrario a la habitual experiencia humana que cuesta acostumbrarse. Y no fue distinto en mi caso.

Sin embargo, yo sabía que estaba en el lugar correcto. A veces pensamos que solo vamos a aprender por aquellas ideas que penetran nuestra inteligencia y hacen que veamos ahora —una vez asimiladas— las cosas de forma diferente, como si cambiásemos de convicciones o de creencias. Entendemos más o entendemos de otra manera las cosas. Pero eso no solo es así. La pura apariencia de lo que somos, de lo que creemos que somos, no es más que eso, apariencia.

La física cuántica demuestra desde hace tiempo que en realidad la materia como tal no existe, no es más que pura energía vibrando a tal intensidad que nos permite tener la sensación de solidez en lo que percibimos. Parece que aprendemos por lo que percibimos con unos sentidos limitados. Y en realidad no somos más que pura energía y, si esta desapareciese, todo lo material que percibimos se desmoronaría, y nosotros también, similar a como vemos en esas películas de ciencia ficción donde el malo es alcanzado por un rayo desintegrador y se desmorona en partículas de polvo. Por eso afirmo en mi silencio que soy habitado por el espíritu y sostenido en la mente de Dios.

Entonces hay también un aprendizaje que no está en la comprensión intelectual de las cosas. Es energía que se funde con energía pero que no se percibe, no se puede razonar, pero que es más real que lo que aparenta la realidad. Hubo un aprendizaje que entra como sensación, como sentir, que se da pero no sabes exactamente cómo ni cuándo, y así mi experiencia al terminar esos días de retiro, fue que la persona que se despidió el último día no era la misma que llegó. Y, si me preguntas, no te puedo decir exactamente cuál es la diferencia, qué es lo que había cambiado en mí tras acabar ese retiro de silencio al igual que sucediera con los otros tres más de aquel curso o los que he realizado después en épocas vacacionales.

Sin duda, ya no era él mismo.

Causa y efecto. Un guion en el tiempo

Cada uno de nosotros vive una experiencia diferente. El trabajo, la familia, los amigos, las facilidades o dificultades económicas, la salud o la aparición de enfermedades, la ausencia de la persona amada, la desaparición de este plano de aquella persona con la que te unía algo especial, la juventud o la vejez, los viajes o estar viendo una película, los desencuentros y los momentos felices, las lágrimas y las carcajadas, todo aquello que es la vida no es otra cosa más que el escenario, el marco de la experiencia que he escogido vivir.

Mi marco, mi manera de pensar, lo que me enfada y lo que me hace reír es distinto para ti y tal vez en algo será igual para mí, pero el conjunto de todo ello es único para cada forma, para cada cuerpo que es habitado por el espíritu, al que llamamos alma. Sea como sea tu experiencia, lo cierto es que no es una decisión que tú tomas. Si así fuera, todas las elecciones serían naturalmente aceptadas y supondría un poder humano para escogerlas. Y todos sabemos que no es así porque tenemos situaciones en nuestra vida que no deseamos pero bien me podrías decir que es una cosa atribuible a la fortuna, al caos o el azar en definitiva.

También podrías considerar la idea de que eso que precisamente estás viviendo es el efecto de una decisión, de una causa, tomada en un plano diferente. No hay alternativa: si tu vida es efecto y no eres el causante de este, entonces la causa está en otro plano.

Si observamos el universo, si hacemos caso de los científicos que lo estudian, aprendemos que hay tantas constantes que explican su existencia, tantas pequeñas cosas que lo posibilitan, que pensar en el caos es más difícil de aceptar que la otra alternativa: el efecto de una causa que es origen de todo.

La atmósfera en este planeta azul es una delgada capa que permite la vida. Si fuera algo más gruesa o fina sería imposible la vida tal y como la conocemos; la atmósfera tiene que ser tal debido a tales condicionantes que solo una inteligencia puede ser la causa de que así sea. Honestamente es imposible pensar en el caos, entonces solo es realista aceptar —lo llames como lo llames— un origen de todas las cosas. Me permites que a esa causa la llame Dios en estas páginas, pero solo es un término. Importa el concepto. No el concepto religioso aprendido en la infancia de cada cultura, sino el propio significado que en lo metafísico tiene: la causa de la que se siguen todos los efectos, uno de ellos, la existencia de este planeta; otro tu propia existencia y la mía.

De la misma manera, lo que sucede en este momento, si no procede del caos ni es aceptable que proceda de los personajes de esta historia, su origen tiene que ser siempre la voluntad o el deseo de Dios. Puedes pensar que decides cosas, que te sientes libre de escoger solamente entre las opciones disponibles, lo cual limita enormemente tu libertad. Sin embargo, ¿te has parado a pensar si realmente podrías escoger otra cosa distinta a la que escoges en un momento dado?

Puedes pensar, pasado todo, que podrías haber elegido otro camino, estudiar una carrera diferente o comprarte el otro coche que tuviste como alternativa. Pensar puedes pensar lo que quieras, pero ese no es el punto. La clave es: ¿realmente hubiera sido posible, no como pensamiento de ahora o historia que pudo ser, escoger otra cosa? La verdad es que no. Escogiste lo único que pudiste escoger, solo pudo ser de una única manera: exactamente tal y cómo fue. Y, además, escogió tu mente subconsciente y después quisiste razonarlo de forma consciente.

Fruto de la creación como deseo de experimentar en las formas sin ser forma, el espíritu de Dios se subjetiva en cada forma. Es esa energía la que hace posible que tu cuerpo o el mío no se deshaga en millones de partículas invisibles aparentemente unidas por esa fuente de vida que simula solidez en lo que percibimos. Es esa «presencia» invisible —sentida en la intimidad del silencio— la que hace posible la experiencia de la materia por lo que no es materia. Y, como el deseo de esa experiencia se hace por la voluntad de Dios, todo lo que se puede experimentar, todo lo que puede darse en un rango de infinitud de posibilidades, se da.

Una de esas posibilidades es tu vida, otra la mía, el marco de tu experiencia o el mío. Y cuando así se desea en mutuo acuerdo, tu marco —tu experiencia— y el mío se encuentran, tu alma y la mía lo hacen, es el espíritu el que se relaciona con el espíritu, Dios consigo mismo a través de una experiencia material. Dios se conoce, se reconoce como tal, cuando, en la sabiduría de tu silencio, aceptas su presencia en ti y en el otro. Así, Dios —habitando una forma— ve a Dios que habita o sostiene a otra forma. Es la relación del espíritu consigo mismo a través de ti y de mí. ¿No te pone los pelos de punta esta idea? Pues bien, ahora solo importa tu rendición, tu aceptación, tu reconocimiento de la verdad. Y el mío, por supuesto.

Evidentemente, nuestra experiencia habitual no se refleja en la visión anterior. En las relaciones con otras personas aparece la competencia, el deseo de poder, la necesidad de que quien convive conmigo sea tal y como yo le permito, pues, una vez se sale del camino que en mi mente le dibujó, aparece, la incomprensión, los celos, la sensación de ser atacado, menospreciado o no valorado. Y la separación vuelve a ser la experiencia deseada. Y lo mismo que sucede en una relación personal de pareja o de amistad, se da en la relación con los hijos o con los padres, con los compañeros de trabajo o en la comunidad de vecinos. Y es como ha de ser pues el deseo de experimentar la separación está en el origen de esta experiencia que llamamos la Historia.

El origen del miedo

La creación fue un acto de voluntad divina para poder permitir que el espíritu, de «alguna manera», tenga la experiencia de la materia. Lo espiritual es inmaterial y carece de las limitaciones propias de la materia. Como cualquier forma, nuestras percepciones están limitadas a la capacidad de nuestros órganos sensoriales, de manera que cada especie animal tiene una percepción de la realidad diferente. Tus propios condicionantes asentados en el programa que gobierna tu subconsciente, las creencias de tu estirpe familiar y las costumbres del país en el que vives ya te limitan absolutamente en la percepción e interpretación de la realidad. Y eso para el espíritu es inconcebible, solo puede experimentar lo distinto a través de la forma.

Al principio de la creación, las diferencias en las formas eran simples adjetivos que no afectaban a la esencia de todo lo que podías percibir. Pese a que el árbol fuera distinto de ti, te sabías uno, aunque distinto. La apariencia no era esencia, la diferencia era riqueza de matices en la creación siendo una: el Hijo de Dios en infinitas formas de tener la experiencia.

El juego fue tan interesante que surgió la posibilidad —no real, pensada, soñada— de que las formas estuvieran realmente separadas, que los límites fuesen reales. Nada podía ver entre ese árbol y yo, nada podía tocar en el espacio que nos separaba, solo sentía el árbol cuando mi cuerpo lo rozaba. Antes estaba separado de mí y ahora, al rozarlo, aunque lo siento, su corteza y mi piel también nos separan. Y esta separación de las cosas me hizo tremendamente vulnerable porque, ahora, lo diferente a mí podría atentar contra mí. De pronto ya no era una hoja del árbol, que se caía pero permanecía siendo una con todo pero con matices diferentes a cuando estaba unida al árbol. Ahora era una hoja caída en el suelo, posiblemente sería pisoteada por algún animal y terminaría desapareciendo. Y nació el miedo, y a renglón seguido aparece el sufrimiento, y eso antes no lo conocía; ahora resulta que aparece la idea de ser olvidado y eso antes era imposible que sucediera, ahora aparece la muerte y eso antes no existía.

Y aparecieron las consecuencias de haber querido separarme, y el miedo fue la primera consecuencia de no sentirme ya uno con «todo», separado y frágil. Recibiría un castigo por mi atrevimiento, sentí que era culpable, y ese sentir ya no me abandonaría nunca. A tal punto llegó la experiencia que el Hijo de Dios se creyó la historia y se alejó de la casa del Padre en la que nunca dejó de pensar cuando la más ligera experiencia de amor se la recordaba. Desde entonces, cada experiencia que tuvo la consideró tan real como la única realidad posible, pues, una vez olvidada su esencia, necesariamente solo la experiencia material podía manifestar lo real. Y en ese juego la enfermedad, el dolor y la muerte se hicieron poderosas experiencias… Entonces, el actor, olvidado de sí mismo e identificado con el personaje que interpretaba, al llegar la escena de la muerte trataba por todos los medios de huir del escenario. Olvidó lo más sencillo de todo: el espíritu es eterno y la materia es solo un pensamiento. La separación no pudo ser real. Lo real siempre «es» y no puede dejar de «ser». Y tú y yo somos eso que siempre «es».

La percepción ilusoria y el sentir

En este nuevo tiempo tenía que aceptar que la percepción de mis sentidos siempre iba a estar conmigo mientras permaneciese en este plano. Pues, acostumbrado a las enseñanzas del viejo tiempo en las que una vez aprendido algo eso ya se asimilaba y suponía un cambio radical en algo, cuando conoces la no dualidad esto no es así. Por decirlo de alguna manera —si se me permite mi pasado farmacéutico—, la «dolencia» de la dualidad no se cura con pastillas de no dualidad tomadas por un tiempo y a unas dosis determinadas. No hay medicina que te haga eliminar la percepción ilusoria. Así, por un lado estaban las enseñanzas que iba recibiendo, y por otro la repetida sensación de ser el cuerpo material con el que siempre me he identificado. Es el momento en el que la meditación se convierte en tu mejor aliado para poder mirar las cosas de otra manera. Meditar no solo es el lugar donde recuerdas, sino el deseo de recordar una vez más y de encontrarte en ese espacio de intimidad con tu Maestro Interno, que te habla a los oídos del silencio, con total amabilidad, quien realmente eres.

Sabes que es fácil dejarte llevar únicamente por la experiencia material y que todo se limite a la pura relación entre formas, a la visión separada de las cosas, con los miedos y enfrentamientos que surgen entre potenciales enemigos. La pareja, los amigos o los miembros de la familia, y también los compañeros de un trabajo, vuelven a estar enfrentados —frente a ti— y representan algo completamente diferente a ti pero con los que convives.

Observas las diferencias, las cotejas con la idea que tienes de cómo tendría que ser lo que sucede, dejas que tu mente fluya en esa dinámica, te ves mejor que la otra persona y tienes la tentación de ir a corregirla, decirle cómo hacer las cosas, o cómo pensar, porque lo que te ha dicho quien está frente a ti no es —sin la menor duda— como en realidad es.

Ahora tratas de convencer, de traer al camino correcto a la persona que se ha desviado del mismo y sientes la incomprensión, una especie de ataque personal cuando se niega a seguir tus indicaciones. Sientes que te trata mal, que no te valora. Y ese sentirte mal que percibes en tu cuerpo físico solo tiene un culpable y no eres tú. Sucede en la relación de pareja, de amigos, es igual entre hermanos o entre un padre y un hijo cuando discuten y también entre los trabajadores de una empresa haciendo cierto procedimiento…

Es el gran momento en el que sabes que el otro, o la otra, se ha equivocado, cometió el gran error de no hacer las cosas como tu decías, además no es la primera vez, casi es algo común a cada período de tiempo y eso te molesta aún más, dejas que ese fluir de tu pensamiento separado te lleve a la conclusión de que lo hace aposta para molestarte… ¡quiere jorobarte la vida, sin duda!, y el grito o la falta de respeto se hace inevitable. Ahora, de una u otra manera, es tu enemigo, ahora tu integridad está en riesgo, ahora experimentas con toda su crudeza, de nuevo, la separación.

Sin embargo, después de ese tiempo experimentando el silencio, y aunque este proceso se repita en tu experiencia, doy fe de que se produce en la mía, aparece la otra mirada. Hay ya mucha carga, por decirlo así, de experiencia de unidad que ha ido llenando tu corazón, tu sentir, en silencio, despertando el recuerdo de tu esencia. Esos momentos de arrebato sentido en la calma de tu silencio, esa paz experimentando el pensamiento liberado mientras caminas por el espacio abierto de un sendero, ese saber que ya forma parte de ti y que no es posible olvidar ni renunciar a él, ese conocimiento que has tenido de lo real aparece como una luz que apaga la oscuridad del pensamiento separado. Y esa experiencia que tuviste enfrentado a quien tenías frente a ti, al que llegaste a sentir tu enemigo y que despertó los peores sentimientos se convierte en la magnífica oportunidad que has puesto en tu ahora para recordar quién «eres». Y este juego se va a repetir continuamente en tu vida.

¿Te das cuenta de que toda experiencia es un juego de pensamientos? La misma energía pones en pensar que el de enfrente es otro, es diferente, que la que pones en pensar que el de enfrente es uno contigo, tú mismo, pero vestido de forma diferente. Exactamente la misma energía. Ni una diferencia infinitesimal hay entre uno u otro pensamiento. Sin embargo, las hay, claro… pero no en términos de gasto energético.

Que el otro, la persona frente a ti es diferente de ti es lo que has aprendido. Papá y mamá se señalaban con sus dedos para explicarte cuando eras un bebe quién era papá y quién mamá y al principio hasta te confundías. Solo percibías formas que te hacían sentir amor, que te cuidaban, que te hacían mimos y te consolaban cuando te dolían las encías. No importaba la diferencia, papá y mamá significaban amor. El sentimiento que te producían. Papá y mamá, aunque los vieras en formas diferentes, eran un sentir. Ahora te enseñan que son distintos y —por supuesto— distintos a ti. Y así hemos crecido, aprendiendo a pronunciar las palabras de las cosas que nos mostraban: pera, manzana, plátano, agua… Por eso, el primer pensamiento que surge cuando te veo frente a mí es que somos diferentes aunque haya un sentir de proximidad, aunque pueda rozarte y aun así sentirme distinto a ti, el afecto se mezcla con el miedo pues no somos lo mismo.

Pensar que somos uno requiere otro proceso que, con el tiempo, se va haciendo automático. Supone todo el camino que has recorrido desde que empiezas a meditar y te encuentras con la realidad de lo que «es». Enfrentas tus ojos al sentimiento de unidad que has vivido en el silencio, a la comprensión que vas teniendo de lo que es la visión no dual, auténtica, de la realidad. Percibes la forma frente a ti pero la desvistes de todo ropaje para sentir al espíritu que la habita. Sabes que, sin el espíritu, no habría esa forma frente a ti, que las partículas que le dan la apariencia de solidez requieren de esa presencia inmaterial que soporta la percepción. Y en la forma ves materia solo posible por la presencia del espíritu. Y ahora decides un nuevo pensamiento: frente a mí estoy yo con otra forma. Este pensamiento entrará en colisión con el pensamiento programado, de manera que queriendo ver a tu mismo espíritu con diferente vestido, ves forma que interacciona contigo, que incluso puede amenazarte y que, ante todo, es diferente. Y en ese momento mágico en el cual la luz se quiere imponer a la oscuridad, decides lo que quieres pensar.

Me dirás que esto requiere de tiempo, práctica, cientos de oportunidades de elegir qué pensar para que poco a poco el pensamiento de unidad se imponga sobre el de separación. Y, sin embargo, el tiempo es un concepto propio de la separación, lo único que es real es el momento presente: aquí y ahora. El pensamiento de unidad te conduce a la eternidad, al no tiempo en que habitas; el pensamiento de separación te trae al tiempo, a la necesidad de tiempo, a un mañana que no existe. Pero sí, dentro de la experiencia del tiempo, la práctica te lleva inevitablemente a la eternidad, no existe otro destino posible, pues es el lugar donde ya habitas.

El pensamiento de unidad es propio y también el resultado del sentir que experimentas en silencio. Esos momentos te han enseñado que, tras la apariencia de todo ropaje, hay un espacio en el que has percibido el no tiempo en la manera en que puedes hacerlo en el mundo físico. Has tenido una experiencia sentida que doblega cualquier interpretación intelectual, pensada, de lo que sucede en ese momento. Has experimentado de tal manera que la mente se somete y se abraza al sentir del corazón, no deja de estar presente pero ahora se transforma en mente-corazón y permite que ese «yo soy» percibido en el vacío del silencio sea lo único real del momento. Y, por un momento, por breve que sea en términos del tiempo, pero absolutamente real y cierto, te sabes en unidad con todo, desapareciendo por completo cualquier interpretación separada de ese momento.

Y es posible que frente a la persona o la situación que estás surja una sonrisa en tus labios y lo que pudiera devenir en un enfrentamiento se transforme en un instante santo de unidad y paz en tu corazón. En este instante mágico, santo, eterno y divino permites que lo que percibes, lo que ves frente a ti, simplemente sea sentido, respirado, llevado a ti mismo y que resulte totalmente perfecto. Sea lo que sea, forma parte de ti sin entenderlo, porque sigues viéndolo frente a ti, pero es sentido en ti. Te rindes al querer entender y aceptas el pleno sentir, te reconoces como la experiencia del momento, el pensamiento de Dios en la forma en plena danza de juego experiencial, de reconocimiento de Sí mismo.

Al menos hasta que la tan intensa pero aparente realidad de la fantasía que vivimos te distraiga y te haga ver frente a ti a otro, la persona humana en formas similares a la tuya que reconoces frente al espejo.

En adelante este va a ser tu camino.

¿Qué me está pasando?

Y el camino de ese momento me conducía a una de esas experiencias que a nadie le gustaría tener. En ese nuevo tiempo viajaba a Madrid para cursar el último módulo de la formación de Bioneuroemoción que impartía el Instituto de Enric Corbera. Era un domingo por la tarde, ya casi anochecido de octubre, cuando, conduciendo por la entrada a Madrid desde la carretera A2, sentí unas horribles ganas de ir al baño. Nunca había tenido ese dolor tan fuerte en el abdomen que, de no estar en el coche entrando a la ciudad, me habría llevado corriendo al baño. Pero no podía hacerlo, necesitaba aguantar lo necesario hasta llegar al hotel donde me iba a alojar y, la verdad, no sé cómo pude esperar mientras bajaba la maleta, subía a recepción, hacía la entrada en el hotel, por fin llegaba a la habitación y me sentaba en el retrete. Lo que sucedió entonces no me había pasado nunca, de manera que, al observar aquello, me dije qué narices estaba pasando. Pero continué como en cualquier otra ocasión que iba a un hotel, deshice la maleta, miré el correo en el ordenador y salí a cenar sin mayor molestia alguna. Y aquello pasó como si nada hasta que en días posteriores empecé a observar que algo similar, no tan intenso, me sucedía a media tarde. Y así por unos dos o tres meses. Y eso, como farmacéutico, empezó a preocuparme.

Normalmente, cuando tienes una molestia así y vas al servicio y la expulsas piensas que algo te sentó mal, que te enfriaste por la noche y se alteró tu abdomen y poco más. Sin duda, piensas que es algo sin importancia. Pero la repetición y casi a la misma hora de todos los días en muchos de ellos despierta tus conocimientos y llegas a la conclusión de que tal vez has de ir al médico. Se dice que los sanitarios somos los peores pacientes porque como ya sabes algo, pues tú has de resolverlo. El caso es que las urgencias terminaron y aparentemente ahí acabó la historia. Sin embargo, nada más lejos de la realidad, pues aparecen otras cosas que cambian los hábitos en tus procesos evacuatorios.

En estas cosas uno se conoce bien. Eso cambió, pero tampoco me impulsó a ir al médico. Aunque cada mañana al ver lo que sucedía yo me repetía que aquello no era normal. Así hasta que, tras unas vacaciones, en uno de esos avisos de la sanidad pública me recomiendan la entrada en un programa de prevención del cáncer de colon. Era evidente que sucedía algo y que lo mejor era que se tratase de unos pólipos, yo me encontraba bien suponiendo que me tuviera que encontrar peor. Te puedes imaginar el diálogo interno cada vez que al ir al baño observaba el resultado, hasta que se hizo tan insoportable que decidí acudir al médico. Determinó hacerme la colonoscopia después de las ya cercanas fiestas navideñas y, cuando me dio el resultado, aprendí que aquello tan extraño que nunca había visto en el baño del hotel de Madrid casi año y medio antes producto de ese dolor tan intenso no era otra cosa que heces en melena. Yo tenía un tumor en el colon que tenían que operarme lo antes posible.

4

Cáncer de colon

*Aun en los peores momentos
puedes bendecir todo aquello que vives,
pues es el deseo de tu alma hecho experiencia.*

La cara del médico que me hizo la colonoscopia cuando me dijo que tenía que operarme lo decía todo. La biopsia tenía que confirmarlo, pero era evidente, así asumí que tenía un tumor en el colon. Y entonces se desató toda una tormenta de pensamientos que me tuvieron prácticamente callado en el viaje de regreso a mi casa. Conducía Patricia, que trataba de quitar dramatismo a la situación diciéndome que sería benigno. Apenas la escuchaba, solo navegaba como podía en mis pensamientos. Y, como es natural, acudieron todos los conocimientos que tenía al respecto, su origen, sus consecuencias, lo que tendría que hacer en adelante. Me imaginaba un tratamiento de quimioterapia, tenía miedo al considerar la idea de que estuviera extendido a otras partes del cuerpo, recordaba la información recibida en el postgrado de Bioneuroemoción acerca del origen emocional del cáncer de colon y aparecían las imágenes de los posibles responsables de la situación que estaba viviendo. Al final de todo ese barullo de ideas, una se impuso a todas las demás: la experiencia que estaba viviendo no era más que el deseo de mi propia alma. Y nada más.

Sucede el deseo del alma

Aquí, en esta tierra que nos dota de vivencias de todo tipo, nada es origen de nada, pues todo son efectos de un deseo del espíritu. Y lo que estaba viviendo no era una excepción. Todo lo demás, familia, acontecimientos desencadenantes, sentimientos de traición incluidos, no suponía nada más que toda la tramoya necesaria para que esa escena se estuviese representando. Entonces, todo el camino que había recorrido en mi búsqueda espiritual tomó más sentido que nunca y la plena aceptación de la situación se impuso por encima de cualquier otra consideración. Sí, oír la palabra cáncer tiene una carga emocional tremenda, devastadora, tal vez, pero no deja de ser una palabra más que puede llevarte al victimismo o proveerte de una increíble oportunidad para reconocerte como quien realmente «eres».

Antes de ir al hospital para que me lo extirparan, me cité un día con Agustín para contarle lo que estaba sucediendo. Sus palabras me conducían a recordar lo que había aprendido en los cursos de la Escuela. La única realidad está escondida por este mundo de apariencia en el que se proyectan las historias que el alma quiere experimentar. Ese es todo el sentido de este mundo material, un juego de experimentación, de aventuras escogidas en absoluta libertad en el mundo del no tiempo y que se desarrollan con todo el detalle que ha sido deseado, sin que falte ni sobre nada.

Todo lo que sucede y cómo sucede es lo que ha de pasar y en la forma en que ha de ser. Dar mil vueltas al pasado no es más que un vano ejercicio que solo conduce al miedo en todas sus variantes, a experimentar aún más la separación y el sentimiento de soledad e incomprensión de aquellos que te acompañan de una forma u otra en este viaje del alma.

La idea de aceptación plena del momento presente surge de ese lugar donde el pensamiento creativo se impone a la lógica aprendida del pensamiento racional en el que causa y efecto se dan en este mundo. El pensamiento lógico es ese espacio de la mente en el que comenzarán a aparecer los culpables, incluso tu misma culpa sentida pero tal vez no comprendida, el lugar donde pasas de la incredulidad de lo que sucede a la rebelión y al enfrentamiento con el guion de tu vida. Estás demasiado acostumbrado a relacionar que tus actos tienen ciertas consecuencias. Increíblemente llegas a pensar que puedes controlar todo, o casi todo, lo que sucede y que si el acontecer no se da como tú has diseñado, entonces hay algo o alguien que toma el control de tu vida, por lo que has de enfrentarte a quien ahora reconoces como rival en la pugna del momento. Es lo que henos aprendido y, ante cualquier situación, va a surgir como pensamiento automático que modifica tu fisiología corporal de la misma forma en que un ruido en la maleza pone en alerta al cazador dispuesto a defenderse del peligro que se aproxima.

Sin embargo, el pensamiento de aceptación se fue haciendo fuerte en mí desde que comencé el camino de búsqueda de la verdad, de quién soy en realidad. Ahora, sencillamente, aparecía una excelente oportunidad para volver a darme cuenta. Como si en ese juego de verdad e ilusión, entrara en la casilla correspondiente al peligro a una enfermedad severa que, poniendo en riesgo mi vida, me llevase a darme cuenta, una vez más, de lo que es auténticamente real. Es ese maravilloso juego del alma en el que experiencia tras experiencia abandonas la ilusión y regresas al lugar de donde nunca has salido.

Naturalmente hubo cosas que tuve que hacer antes de la cirugía, resolver todo lo humano, organizar los turnos de trabajo en la empresa hasta que pudiera volver a trabajar, redactar mis últimas voluntades, comunicar la noticia a mi familia, porque tendrían que hacerse ellos una colonoscopia y después buscar dónde operarme, el cirujano en cuyas manos me iba a poner, el hospital donde pasaría prácticamente una semana. Poco más tarde ya había pedido cita con un joven cirujano experto en cirugías con robot y mínimamente invasivas y, antes de acudir a la primera cita, recogí los resultados en la clínica donde me había hecho las pruebas: tanto el TAC como la biopsia confirmaban lo que por otra parte era obvio. Era un tumor y, al menos según el TAC, no se había extendido y su tamaño era de apenas un par de centímetros.

Y los días pasaron rápidos, acudí a esa primera cita con el cirujano en la que me explicó todo el procedimiento y cómo prepararme para ser operado unos días más tarde, el 15 de febrero, y decirme que tendría que ingresar el día anterior para ultimar otras pruebas, estar completamente en ayunas un tiempo antes y esperar a que llegase mi turno en el quirófano.

Es difícil relatar todo lo que sucede desde que llegas al hospital para ser ingresado y el momento en que entras al quirófano. Bueno, si fuera una serie de acontecimientos es sencillo: esperas un buen tiempo en recepción, te dan una pulsera que pones en tu muñeca, llegas a la habitación, te has de poner un pijama de hospital y toca esperar a que te hagan la última prueba para que luego sea fácil extraer el trozo de colon lesionado mediante cirugía laparoscópica, una técnica con la que, mediante una especie de artilugios que introducen en el abdomen con una cámara, evitan que tuvieran que abrirlo por completo. Y después solo queda esperar sin que te dejen comer apenas una gelatina hasta el día siguiente a la hora que te han programado.

Parece que el tiempo se detuviera pero en ti están pasando cosas. Afortunadamente, pude escuchar una vez tras otra mientras esperaba en recepción una reciente conferencia de Jorge Lomar que me había enviado Agustín, medité a ratos una vez que tomé posesión de la habitación y hablé de cosas prácticas con Paty: como si fuera un juego del destino, el coche se había quedado averiado en el garaje perdiendo algún líquido y había que avisar al seguro para que se lo llevasen al taller.

Se repiten ciclos de pensamiento y en ellos estaba presente continuamente la verdad aceptada del momento presente que solo puedo decir que se apoderó de mí y me llenó de una gran paz. No era necesario esfuerzo alguno, no tenía miedo alguno, aceptaba cualquier resultado de la cirugía y de los resultados posteriores del material que iban a quitarme por si había que poner quimioterapia coadyuvante. Nada me faltaba, sencillamente permanecía medio recostado en la cama esperando, respirando con calma, sintiéndome, aceptándome, siendo en cada instante. Nada tenía que hacer más que beber un evacuante que limpiase los intestinos. Nada más. Nada que hacer, solo estar y ser.

En la cirugía estuve dormido desde las once de la mañana hasta bien entrada la tarde, en lo que para mí fue un instante tras el que desperté lleno de tubos, extrañamente feliz a pesar de las molestias que sentía en todo mi cuerpo y casi disfrutando de una de las experiencias más maravillosas que he vivido. No existía queja alguna, no había en mí más que un sentimiento de plenitud, una absoluta paz solo adornada por las imágenes que pasaban por mis ojos mientras me recuperaba por completo de la anestesia. Así hasta que me llevaron a mi habitación y lo primero que hice fue llamar a mi madre para decirle que todo había salido bien.

La visión no dual en la experiencia dual

La no dualidad es una forma de ver las cosas que se opone pero acepta la experiencia dual. No puedes entenderla si no la sientes, si no la experimentas en el silencio. Fuera de toda explicación metafísica, no dualidad es un sentir de las cosas y de uno mismo. No se puede pensar porque choca con todo el pensamiento lógico y material de la experiencia dual.

Cuando estás con otra persona y conversas de manera natural, estás observando a otra persona frente a ti. Si piensas, «en realidad no somos dos sino uno», la mente humana te dirá que eso no es posible porque ves a otro al que puedes tocar. Pero puedes sentir que tras la apariencia de dos personas, solo hay unidad y que esta contiene a todas las demás cosas que ocupan el escenario de ese momento. El sentir no puede ser discutido por la mente pero sí puede aceptar que en esa experiencia dual, lo real es tu sentir y lo aparente una experiencia de los sentidos, y entonces, esencia y apariencia se unen en un abrazo del corazón.

¿Acaso no es verdad que todas las cosas en su intimidad no son más que energía, formas de onda, infinitesimales elementos que en sí no son más que energía? Sin embargo, interpretamos con nuestra mente humana esos elementos y los denominamos con ciertas palabras, con conceptos que han sido aprendidos. Lo percibido es de esta manera interpretado, otorgándole una apariencia que la acompañará el resto del tiempo.

Recuerdo una experiencia personal cuando mi padre, que sufría de diabetes perdió primero una y después la otra pierna. Su forma había cambiado radicalmente, pero era exactamente la misma persona. El alma, el espíritu que le habitaba seguía estando ahí sin duda ninguna, sin cambio alguno. Lo estuve pensando un tiempo. Desconocía en ese tiempo toda noción de no dualidad, aunque ya llevaba algún tiempo meditando y me preguntaba quién era en realidad mi padre. No era una forma concreta porque había cambiado, sino el significado que para mí tenía, la relación que tenía conmigo, el sentimiento que me producía. Poco tiempo después el espíritu se marchó en su aventura de experiencia y su cuerpo mermado volvió a la tierra. Alguna semana después, en un viaje mientras conducía Victoria, la madre de mi hijo, sentí la presencia inequívoca del espíritu que me evocaba a mi padre diciéndome que todo estaba bien. Y nombré su presencia en voz alta, lo que dio pie a una interesante conversación en el viaje.

La forma, toda forma, es pura apariencia, concepto, ilusión, interpretación de la energía. Es todo menos real, es todo menos esencia pero es sostenida por la esencia. La esencia solo la puedes sentir y de una forma especial cuando estás en el silencio buscado, recogido e íntimo de un rato de meditación y miras en tu interior.

Mientras estamos en esta experiencia tratamos de hacer todo lo posible para que se mantenga el mayor tiempo aunque aceptes su final. Si bien es cierto que en algunos momentos de este camino espiritual tratas de evitar toda identificación con el mundo y hasta puedes perder todo interés por mantenerte en vida, el juego de la vida no está en tus manos, ni siquiera cuando decides quitarte la vida. Una vez más, nada es causa y solo aquí experimentamos los efectos del deseo del alma, incluso en una experiencia de suicidio.

Apenas tres años antes, mi mejor amigo, Emilio, había decidido quitarse la vida. Un triste miércoles de finales de un mes de agosto que me impactó, produciéndome un gran dolor en mi corazón. Los ratos de nuestras partidas de mus, las series de televisión que compartíamos, las cenas de tantas noches de verano, todo aquello se esfumó. Una punzada de angustia me llegó cuando escuché de la voz de su hijo mayor lo que había sucedido. Semanas antes, su vida daba un vuelco, estaba en la playa y me llegaba un mensaje que me decía que su pareja se rompía por segunda vez, lo que pude comprobar minutos más tarde hablando con su mujer: sí, aquello era cierto, no se trataba de otro de los intensos momentos que vivía en los que todo su mundo parecía desmoronarse, aunque aparentemente no fuera así. Aquello no podía seguir y las experiencias de esas dos almas tomaban derroteros diferentes. Aunque obviamente se diesen mil explicaciones y cada cual mirase a su manera, en realidad no había más que el juego del espíritu en la historia que se estaba dando. Y así, días más tarde, Emilio se quedaba solo y, cuando iba a visitarle, no veía más que a alguien hundido en un sillón, sin apenas luz en la estancia, metido en sí mismo y casi incapaz de conversar. Aquella persona que tanto me había ayudado a mí y a otras personas a superar un divorcio mirando hacia delante, buscando motivos en lo que a cada uno le gusta en la vida, ahora no era capaz de sobreponerse. Y a mí, que empezaba este camino de no dualidad, no se me ocurría qué decirle, cómo ayudarle en esos momentos. Así, cuando con lágrimas en los ojos atendía a la celebración de su funeral, me culpaba por no haber podido ayudarle, como si estuviera en mis manos la causa que evitase el efecto que se había dado.

Y, como es habitual cuando te mueves en una experiencia dual pero tratas de verlo de manera no dual, se mezcla la sabiduría de lo que es, con la ilusión de lo que podría haber sido. Hasta que es plenamente aceptado. La forma se fue en la manera que el alma había decidido una vez su juego había terminado. Y el espíritu, eterno, se marchó a buscar nuevas experiencias. Lo que «es» nunca deja de «ser», la apariencia se mueve en un juego de cambios y transformación, trajes que, una vez usados, son desechados. Y mientras los restos del traje Emilio eran enterrados, en medio de mi tristeza contenida, acepté plenamente que lo que estaba experimentando era absolutamente perfecto y ese sentir del silencio me llenaba por completo. Pues lo que sucede no puede ser de otra manera, lo que sucedió no pudo ser de otra manera y lo que suceda no podrá ser de otra manera más que en la que sea.

Cuatro años después, también a finales del mes de agosto, tuve la oportunidad de despedirme de mi madre transitando los últimos días de su vida. Su forma estaba tan cambiada que la pura visión humana se queda asombrada por el cambio y llena de plena compasión. Pero, al igual que con la experiencia trece años antes que te conté de mi padre, mi madre era la misma, sin cambio alguno en su esencia, que ahora experimentaba una transición tranquila y completamente aceptada.

La situación con el COVID obligaba a muchas restricciones y solo una persona podía visitarla en cada turno. Yo tuve la oportunidad de acompañarla en dos ocasiones. Esa última noche me había sentado junto a su cama y leía algo cuando me cogió la mano mano y, al sentir la poca fuerza que le quedaba, me volví hacia ella y sonriendo suavemente le dije en voz baja, «mamá,

todo está bien, todo es perfecto, vas a despertar de este sueño…».
No sé lo que me escuchó o entendió pero sí que cerró los ojos
tranquila, siguió apretándome la mano hasta que se cansó y se
quedó dormida. Su espíritu la dejó unos días más tarde, mas aquel
amanecer, cuando le daba el desayuno y apenas quería comer,
fue la última vez que la vi.

Mi madre es en gran parte responsable de mi camino. Tuvimos siempre una relación intensa, a veces muy complicada,
pero guardo un recuerdo muy especial de un día. A mi madre
le encantaba ver televisión, comedias de aquellos *Estudio 1* que
ponían en la única cadena de televisión que entonces había. Pero
ese día, mientras todos veíamos la televisión, ella estaba leyendo
un libro que tenía apoyado en la mesa del comedor. Y le pregunté
qué leía y por qué no miraba la obra que estaban poniendo. Me
mostró entonces el libro de espiritualidad que estaba leyendo y
me dijo que había que prepararse para un día irse.

Ahora, frente a una inminente cirugía para quitarme un
trozo del colon en el que había nacido un tumor, los silencios
me conducían a esa aceptación total de dejar el traje y permitir al
espíritu, mi propia realidad inmortal, que buscara otras aventuras.
Aunque, siguiendo algunos consejos de Agustín de que visitase
a ciertos profesionales, acudí a diferentes terapias con la idea
de permanecer aquí por más tiempo, aceptando con claridad
meridiana que eso simplemente formaba parte del juego de mi
alma y que mi permanencia aquí será hasta que el espíritu que
me habita y me sostiene así lo decida. Pero sí, yo puedo jugar a
creer que puedo prolongarlo.

Vida y muerte. Parecen dos conceptos reales y opuestos. Y nadie lo negaría en la experiencia dual. O estás vivo o estás muerto, no hay un intermedio y es más, si estás muerto ya no puedes estar vivo. Así que cuando escuchas que tienes una enfermedad grave o te enfrentas a una cirugía importante, todo el riesgo que conlleva se hace presente. Y por mucho que lleves un tiempo meditando, por mucho que hayas tenido silencios de una gran paz e incluso con el deseo de despertar del sueño, cuando el riesgo de muerte se presenta frente a tus ojos hay un fuerte impacto interior.

Te he contado que había tenido experiencias de total desapego de la vida, de pensar que sería bueno despertar en ese mismo momento si así tuviera que ser. Fueron experiencias en la que la mente deja de estar presente o simplemente se doblega ante un profundo sentir que te lleva a expresar verbalmente esa aceptación de finalizar la experiencia humana. Luego, al abrir los ojos y pasar del tiempo, el juego se hace de nuevo propietario del momento, pero el recuerdo va a permanecer indeleble en tu corazón, y solo un pensamiento te separa de volver a ese momento, a esa aceptación, a ese desapego de lo soñado. Y, aunque frente a mí estaba ese diagnóstico duro y contundente, tras esos primeros instantes de desconcierto emergió el recuerdo de lo real y pude aceptar lo que estaba sucediendo.

Hasta me sentí afortunado y agradecí que en mi experiencia se diera la oportunidad de preparar cualquier resultado con tiempo, celebré una comida entrañable con mi equipo de trabajo, les comuniqué que dejaría de trabajar al año de operarme y esperé al último momento para hablar con mi madre y decirle lo que estaba sucediendo. En otro momento llamé a mi amiga Camelia para pedirle que —como maestra de Reiki— me enviase esa energía de vida que a través de las manos pasa de quien lo aplica a quien le es aplicado, incluso enviado a distancia.

La relación especial

Camelia y yo nos conocimos haciendo el postgrado de Bioneuroemoción, fuimos compañeros en las prácticas y fuera del curso habíamos seguido practicando y de una manera progresiva conociéndonos muy profundamente. Así que, al decirle lo que pasaba, su cariño se desbordó y el impacto devino en un continuo hablar y más hablar. Si dejas hablar a Camelia el tiempo pasa sin pausa ninguna. Como discípula, al igual que yo, de Enric Corbera, a través de él había llegado a su vida *Un Curso de Milagros*, de la misma forma en que me llegó a mí por segunda vez, y de conversar acerca de casos relacionados con el postgrado que íbamos conociendo, pasábamos a conversar acerca del famoso libro y del significado de su contenido. Todo eso fue generando una relación muy especial.

Cuando estás en el camino espiritual es complicado relacionarte con muchas personas. No es un camino muy común, está incluso mal visto por muchas personas de tu entorno a quien les parece que te has metido en una secta porque hablas de cosas muy raras que no pueden aceptar ni siquiera como posibilidad.

Es común que se sientan atacados —en mi caso no fue una excepción— porque perciben que estás poniendo en jaque sus creencias profundas, lo que siempre —tal vez por la costumbre familiar— han considerado como la verdad. Y no me extrañaba porque cuando yo estaba comprometido en mi adolescencia tardía, al iniciar mis estudios universitarios, con una institución de la Iglesia Católica, es muy probable que, en una circunstancia similar, hubiera reaccionado de manera similar a como reaccionaron mis allegados, al menos al principio, ante ideas que en aquel momento consideraba opuestas.

Por otro lado, es muy complicado hablar con un lenguaje que es dual de algo que es no dual si previamente no te has tomado el tiempo de tratar de entender un poco los conceptos básicos de la no dualidad. Y así, hablar de estar en un sueño cuando lo que percibes parece totalmente real puede llevar incluso a bromas o algo más serio y terminar en una discusión en la que de nuevo vas a experimentar separación. Lo he podido experimentar en unas cuantas ocasiones y con personas incluso próximas a mi manera de ver las cosas.

No dualidad no es fácil de entender y —como ya he dicho— se tiene que experimentar en el silencio interno, y meditar no siempre es una invitación aceptada. Así que, cuando empiezas el camino, la sensación de soledad es muy habitual y encontrar a una persona con la que poder hablar de ello es un tesoro que proteges a toda costa. Entonces puede suceder que una simple amistad se convierte en una relación especial. Cuando se trata de relaciones y estas pudieran llegar más lejos, piensas que solo podría ser con esa persona con la que mantienes esa relación especial. Y esto sucedió con Camelia, conversación tras conversación y también discusión tras discusión cuando estás en esa fase del camino en la que tienes que defender la verdad por encima de todo. Pasa el tiempo, la relación se hace estrecha y lo que pretendiste que fuera una relación no dual, una relación santa en términos de UCDM, se convierte en una relación dual, excluyente y obsesiva como cualquier otra.

Y no necesariamente se ha de dar en el marco de las relaciones humanas. Cualquier adicción forma parte de ello. Esa persona que solo piensa en el trabajo porque es «lo único» que le hace feliz y mantiene olvidada su relación de pareja o con su familia; el amante obsesivo que necesita continuamente la relación física para sentirse bien y que, en su ausencia, se llena de un vacío insoportable; el deportista que solo se encuentra realizado si a lo largo del día dedica un buen número de horas a practicar su deporte favorito y la imposibilidad de hacerlo por un tiempo le hace ser intratable por las personas de su entorno… En fin, una relación especial solo da importancia a eso que constituye la relación y excluye a todo lo demás, da un tremendo valor real, casi como si se tratase de un dios, a aquello que el día que le falte le va a provocar una gran infelicidad. No es de extrañar, entonces, lo que sucede cuando se rompe una pareja, eres excluido del trabajo o sufres una lesión que te impedirá hacer ese deporte.

En la práctica de la no dualidad las relaciones no son en absoluto exclusivas, de hecho el amor no se encuentra sino que aparece cuando se elimina toda la tramoya que lo oculta. Amas cuando dejas de temer el hecho de amar, amas cuando no tienes miedo a perder el amor porque sabes que eso es sencillamente imposible. El amor «es», el amor explica tu vida y la de la otra persona; sin amor, la existencia sería imposible. La creación es extensión del amor y está en esencia, muy profundo pero absolutamente presente, en el nacimiento de un ser humano, de un cachorro o en la explosión de color de los campos en primavera o en la formación lenta y sin pausa de una piedra preciosa.

La vida es extensión de la propia vida o, lo que es lo mismo, fruto del amor. Tienes un hijo por amor, hay amor en los lametazos de la madre a su cachorro, en la muerte de una planta tras entregar sus semillas a la tierra para renacer más adelante, pues la vida se ha de extender, el amor lo hace inevitable. Solo mediante artificios mentales que se alimentan del miedo se puede ocultar la presencia del amor y, sin embargo, buscarlo desesperadamente. Esta es la gran contradicción del ser humano: no amas por temor pero no dejas de buscar el amor —aunque lo disfraces de muchas maneras como éxito, respeto, aprobación…— ese amor de tu vida o el puesto de trabajo de tu vida, aquél con el que no temas perder, aunque el falso poder del miedo te muestre siempre que con todo amor puedes perder. Un círculo vicioso con el que experimentar separación y sufrimiento para decidir no volver a amar… aunque lo sigas buscando.

Y formando parte estrecha de las relaciones se encuentra el profundo miedo del ser humano a la soledad. El mismo concepto habla de lo opuesto a la unidad, la separación. Si estás separado estás solo o —dicho a la inversa— si estás solo entonces estás separado. Y como no dejas de ver a otros en el resto de las personas de tu experiencia, admites con lógica implacable que tú eres solamente tú y el resto no eres tú, o sea, estás separado del resto y así ha de ser aceptado. La consecuencia no puede ser otra que la experiencia de la soledad, que no siempre se da cuando estás físicamente solo. Entonces aparece un tremendo desasosiego que te conduce a buscar de la forma que sea cómo evitar esa sensación de soledad. Y si se trata de relaciones, lo primero es ponerte en el mercado y buscar a otra persona con la que relacionarte para que se repita de nuevo el ciclo de amor y miedo. En realidad, te pones en camino de una nueva relación especial.

La soledad, sin embargo, es algo completamente irreal si lo miras desde el fondo de tu alma. Al cerrar los ojos y viajar a la profundidad de tu conciencia, al dejarte llevar por los movimientos de tu respiración mientras te entregas a lo que sucede y viajas a ese espacio vacío en el que sabes que nada te hace falta por la sensación de plenitud que experimentas, no solo desaparece esa sensación de soledad que agobiaba tu mente separada, sino que el amor llena todo el espacio y una profunda sensación de paz se apodera de ti. Te sientes completo, te sientes amado, te sientes bien, nada te falta. No estás solo. Reconoces que esa experiencia es la que buscas en las relaciones humanas, en las adicciones que paliaban tu soledad, pero que lo humano no te puede dar más que lo que recibes por un instante de recuerdo no nombrado de tu real unidad con todo.

Ahora esa dificultad que tienes de relacionarte con otras personas por la manera en que ves la vida, comprendes que no es más que otra experiencia de soledad. No es nada nuevo, solamente crees que estás solo porque piensas que nadie puede entenderte, porque necesitas conversar y escuchar a otro para sentir a otro. Pero no es real. Tú no eres la sensación de estar solo, no eres esa mente que se atormenta con ideas de soledad, no eres la forma física que se refleja en el espejo y en este momento de soledad sentida sencillamente has olvidado quién «eres». Has olvidado pero el silencio al que acudes en tu práctica diaria te lo va a recordar. Experimentaste soledad para tener la oportunidad de volver a recordar —tal vez olvidándolo primero— quién realmente «eres»: «eres» espíritu y «eres» uno con el Padre… y el Mismo.

Una experiencia inolvidable

Un par de días después de ser operado me visitó Agustín. Con su porte desenfadado, hizo unas cuantas bromas y estuvimos conversando un rato como si en vez de la habitación de un hospital nos viésemos en alguna de las cafeterías donde habíamos compartido otros momentos. Incluso desaparecieron por momentos las molestias de los puntos que cerraban los orificios por donde me habían extraído la pieza del sigma del colon donde estaba la lesión.

La operación fue una de las experiencias más maravillosas que he tenido. Fui llevado a la sala previa al quirófano junto con otros pacientes que, igual que yo, esperaban su turno. En esos momentos todo lo que pasaba por mis ojos parecía ser una única cosa. No había muchas camas —aunque las hubiera—, no había médicos y enfermeras o celadores que movían camas —que obviamente los había— no estaba presente la idea de que en unos minutos me dormirían y manipularían mi cuerpo —que obviamente estaba presente—, sino un conjunto de todo lo que había pero siendo uno, una misma cosa, la experiencia de ese momento, como si pudiese sentir la imagen completa de una fotografía en movimiento que abarcase todo lo que percibían mis sentidos. Es difícil de explicar con palabras lo que sentí en aquellos momentos, pero podría decir que era una profunda paz con lo que estaba sucediendo. Una vez que has aceptado lo que sucede, que eso que está pasando en tu vida es algo que decidiste en lo más íntimo de ti, no queda más que experimentarlo intensamente como si se tratase de un niño que descubre ante sus ojos algo nuevo y maravilloso.

Años antes, cuando terminé mis estudios universitarios, me operaron del tabique nasal, algo mucho más sencillo, sin peligro alguno y que apenas duraría una hora frente a las muchas horas que estuve aquel día en el quirófano. Cuando me llevaron de la habitación al quirófano para enderezarme ese tabique nasal que me provocaba infecciones en el oído, era un manojo de nervios que solo pensaba en si me despertaría o no de la anestesia. A pesar de las palabras tranquilizadoras del celador que me transportaba, el miedo estaba muy presente. Afortunadamente, no tuve que esperar en la antesala del quirófano, sencillamente entré directamente y unos minutos después estaba dormido.

No, esta vez con un tumor en el colon que pudiera haberse extendido aunque no se viera, la experiencia fue radicalmente diferente. Y no diré que quiera repetirla, pero fue una experiencia de profunda aceptación y, en consecuencia, llena de paz, en la que pude sentir lo que sucedía desde la calma en mi mente y en mi corazón. No la olvidaré jamás. La otra operación estaba completamente en el olvido hasta ahora que, escribiendo esto, la recuerdo como experiencia completamente diferente.

Cuando desperté seguía estando en paz. Lleno de molestias, sí, con una molesta sonda urinaria, el suero entrando por la vía que me habían puesto en la muñeca, los puntos en el abdomen molestándome, con ganas de regresar a la habitación, sí, pero en paz. Todo seguía estando bien, todo era lo que tenía que ser, era perfecto por libremente deseado y así estaba siendo experimentado por el espíritu que me habita y sostiene mi existencia en este plano material.

Días después, conversaba con Agustín de unos de nuestros temas recurrentes: la relación de pareja.

La relación de pareja

Una vez escuché en palabras de Agustín que la relación de pareja sin la aplicación del perdón es prácticamente imposible. O sencillamente una especie de guerra nunca terminada en la que se dan momentos de batalla y otros de tregua en los que parece que no existiese tal guerra. Todos hemos pasado por ello y en muchos momentos lo hemos conversado y llevado a ese lugar de perdón profundo que es nuestro corazón.

Los seres humanos, además de vivir esa contradicción de amor y miedo en las relaciones, no dejamos de buscar el amor fuera de nosotros, aunque el amor está en nosotros. Y es así porque, cuando queremos, amamos, pero antes se trata de encontrar la persona digna de nuestra entrega. Buscamos la persona que nos complemente pero en realidad se trata de encontrar la persona que llene el vacío que de vez en cuando sentimos y resulta tan molesto. Toca entonces salir a la plaza pública dando la mejor imagen posible de nosotros mismos haciendo creer a los otros la maravillosa persona que somos. Y, cuando encontramos a esa persona, entonces comienza la exigencia; hasta ahora me mostré encantador porque tú has de llenar mi vacío, ahora, después de un tiempo, sigo teniendo ese mismo vacío y tú eres el o la responsable de lo mal que me siento. Además, no nos mostramos tal y como somos, no somos profundamente honestos con la otra persona porque tal vez vea algo que no le guste y tengo miedo de que me deje, y eso tampoco lo quiero… al menos hasta que no encuentre quien la sustituya y entonces pueda tener otra relación… especial por supuesto.

En no dualidad no hay más realidad que la profunda experiencia del «ser». O, lo que es lo mismo, no hay más relación que el Ser en relación consigo mismo. No hay más experiencia que mi alma experimentando esta situación en la que tu alma la experimenta de forma diferente, pero tu alma y mi alma no son más que dos aspectos del único Ser, de Dios.

Visto así, la relación de pareja cambia de forma radical. Sé en lo más profundo de mí que es mi alma la que experimenta, suceda lo que suceda y sienta lo que sienta. No soy el «yo humano» quien experimenta —aunque lo parezca—, sino que es el espíritu que me sostiene en la vida quien lo está haciendo, como un sueño en este mundo en el que su contenido no es real, pero la sensación que te produce sí lo es. ¿Recuerdas?

Has soñado que te perseguían unos monstruos horrendos, corrías y por tu piel goteaba un sudor frío lleno de pavor mientras te ibas agotando en la huida… y de pronto te despiertas asustado, hasta que te das cuenta de que fue un sueño; experimentaste el sentimiento del miedo e incluso ahora que sabes que fue un sueño, aún lo sigues experimentando por unos momentos. Tu sentir ha sido completamente real, mas la experiencia pura ficción. Podemos decir que este es el sentir de tu alma en cada experiencia, plenamente real, aunque en una historia soñada.

Ahora que ya sabes esto, no hay dos en una pareja, no hay más que una experiencia compartida y, cuando lo puedes reconocer profundamente y mirar a tu pareja, a tu padre o a tu hijo, a tu compañero de trabajo o a tu grupo de amigos, puedes ver solamente inocencia; apenas hace cada uno el papel que le corresponde, como tú haces el tuyo, que ahora es reconocido como la verdad de este preciso momento. Puedes abrazar con tu mente la situación y recuperar la paz que se escondía en medio de la intensidad de ese momento. La discusión en la que participas terminará como tenga que ser, pero tu sentir es diferente, hay paz en tu corazón, reconoces tu deseo profundo e inexplicable desde la mirada humana de lo que ha sucedido y que, precisamente lo sucedido —esa repetida e intensa discusión de pareja—, te ha servido para recordar quién eres. Aceptas que eres «amor», hijo del «amor» y uno con el «amor». Exactamente lo mismo que las personas o la persona que está frente a ti.

El momento es «todo» en ti, nada puede ser fuera de ti más que en apariencia y nada te puede faltar en unión con el Padre. Nada hay que buscar en el juego de cada día, simplemente permitir que sea como vaya a ser. Así es como se rompe el hechizo de que la relación deseada requiere esa persona adecuada para ti y permites que la «luz» te muestre que la relación es y solo es con este momento, sea cual sea, sea con quien sea y sea como sea.

Ahora, la relación es estando conmigo mismo mientras escribo estas páginas, después será en la cita que tienes con otra persona y será un nuevo ahora, más tarde, en darme a lo que sea que esté haciendo en otros «ahora» y también fue, por supuesto, en los «ahora» de aquellos días de hospital caminando por la habitación y recorriendo la planta donde estaba alojado para empezar a mover ese intestino del que unos días antes habían retirado un trozo para poder seguir permitiendo a este cuerpo tener la experiencia de cada momento.

Miedo y control

Salí del hospital cinco días después de la operación, pero antes tuve una conversación con el cirujano que me inquietó.

Me visitó en la habitación para decirme que me daba de alta y que unos días después tendría una cita con el oncólogo para valorar la posibilidad de hacer unas sesiones de quimioterapia coadyuvante a la cirugía para asegurarse de que no había quedado por mi cuerpo ninguna célula cancerosa. Me explicó el grado de la lesión tumoral y que estaba en un punto en el que podría ser necesario ese tratamiento. Quedaba esperar los resultados del análisis de la pieza y los ganglios extraídos que estaban haciendo en anatomía patológica.

Oír que tendría que someterme a quimioterapia me desazonó, no por la gravedad de la situación, sino por los efectos secundarios que tenía y que conocía perfectamente. Aunque, ciertamente era una posibilidad, me convencí tras la cirugía de que, al ser el tumor tan pequeño, no sería necesario más que la operación a la que me había sometido, lo cual me aliviaba en esas perspectivas imaginadas por la mente. Así que los días siguientes entré en una situación de enorme inquietud pensando si aceptaría o no someterme al tratamiento. Naturalmente, como farmacéutico podía imaginar todos esos efectos secundarios de la quimioterapia. ¿Quién no ha conocido, no uno, sino bastantes casos de personas que les trataron con quimioterapia y te han contado su malestar, la pérdida del pelo, lo horrible que te sientes un día después de haberte dado el ciclo? Tenía clientes en la farmacia que eran tratados con medicamentos para paliar los efectos de la quimioterapia, sabía un poco de esto.

Acudí, como tantas veces, a Agustín, y me dijo —otra vez más— que actuase desde la paz y no desde el miedo, que hiciera lo que hiciera no tenía la menor importancia, pues lo que hubiera de ser, sería, de cualquier manera, como tenía que ser. Estaba de baja laboral y me pasaba las mañanas caminando por las afueras de mi ciudad, en medio de la naturaleza, dándole vueltas al asunto y hablando por teléfono. Completamente tenso, consultaba por internet la clasificación del tumor que me habían extraído. Por lo visto, no habían podido extraer el número de ganglios suficientes para desaconsejar quimioterapia. En fin, pasaba el tiempo consultando literatura médica disponible mientras llegaba el día de la cita. Y la cuestión es que ni siquiera se había dado el momento de decidir en uno u otro sentido, solo siete días después vería al oncólogo y él sería el que me diría su opinión. Entré con cierto temor a la consulta y en seguida me dijo que no sería necesario en mi caso el uso de quimioterapia coadyuvante, pues en mi rango de edad no justificaba mejores resultados tras cinco años después de la cirugía.

Tanta inquietud... para nada.

En realidad no fue para nada, a mí me mostró un profundo aprendizaje acerca del deseo de control que tenemos los seres humanos, y yo en concreto, en aquellos días. Durante la experiencia de la cirugía me había rendido a la experiencia y aceptado lo que pudiera suceder, cierto. Después, tras oír la palabra quimioterapia e imaginarme todo lo que se asocia inevitablemente a ella, me creí en control de la situación y que podía aceptar o renunciar a la misma. Como si el resultado de la experiencia en el momento siguiente dependiese de mi decisión. Como si lo que fuera a experimentar después dependiese de mí.

Ahora es como si lo que vaya a experimentar dentro de un momento, cuando deje de escribir, fuera decisión mía. Por supuesto que puedo imaginarlo —recuerda, pensar puedes pensar lo que quieras, pero solo pensarlo— porque es lo que suele suceder cada día a esta hora, lo cual no es más que un pensamiento que me permite reforzar la idea de que tengo el control. Y en realidad, acierto en muchas ocasiones. Y es más, puedo pensar lo que sucederá más tarde y así sucesivamente. Solo pensarlo.

¿Ves el proceso? Un pensamiento tras otro pensamiento, un querer saber lo que va a suceder porque desde pequeños hemos aprendido la ley de causa y efecto y la aplicamos en este mundo. Si aprendes que cuando te dan la quimioterapia tienes vómitos, perdida de pelo, malestar en todo tu cuerpo, entonces ya lo sabes, y si te comunican un día que tienes que someterte a ese tratamiento, pues ¿cómo no vas a saber lo que te va a pasar veinticuatro horas después de que te apliquen el tratamiento? Y la consecuencia es el miedo, el temor a ese tratamiento y recuerdas entonces a tal persona que accedió al mismo y a tal otra persona que dijo no al mismo. Yo tenía recuerdos —pensamiento tras pensamiento— de familiares que, diagnosticados en fase terminal, pero con una vida más o menos llevadera aunque ya limitada en el tiempo, fueron sometidos a quimioterapia y en pocos días abandonaban este plano en medio de un sufrir. Como suele, decirse volvieron del hospital peor de como entraron. Y me dirás entonces: «¿Cómo no sentir ese temor al oír esa terrible palabra y no debatirte en la duda de si aceptar o rechazar el tratamiento?»

No hay salida si piensas que tienes el control. No hay salida si piensas que causa y efecto se dan las dos en este plano de experiencia. Si percibes de manera dual la realidad, será así porque lo que se experimenta lo ves fuera de ti y sirve de aprendizaje. Estás en la creencia de que la materia es sólida, a pesar de que la ciencia demuestre que no es así. La percepción te está engañando, de hecho, es absolutamente limitada a la capacidad de tus órganos perceptivos: ves solo lo que puedes ver y oyes solo lo que puedes oír.

Esta idea de limitación de los sentidos está en mí desde mis estudios universitarios, pero sin las consecuencias que hoy acepto. Claro, imagínate que estás estudiando que la materia es solo energía y, sin embargo, te crees una persona, materia pensante…, no, no piensas en ese momento que eres energía condensada que está leyendo la asignatura de física cuántica y a la vez está pensando en lo que lee. Se da un aprendizaje que, en cierto modo, queda desconectado de la experiencia. Pero en todo caso ahí está sembrada la semilla para después aceptar tu irrealidad como forma, la comprensión del sueño que estás experimentando.

Sin embargo, la idea de limitación de los sentidos no impide la creencia de estar separado. Es un juego de magia impresionante porque, sabiéndote limitado, crees en la certeza de lo que percibes. No hay coherencia ninguna, la limitación tendría que hacerte dudar de lo que ves, no como absolutamente incierto, pero sí, al menos, como incompleto, y si profundizas mucho más, llegas a aceptar la posibilidad de lo percibido como argumento de un sueño. Y todo sueño tiene su causa en el soñador y su efecto en el argumento del mismo sueño. Corres porque te persiguen, cierto, pero soñar que corres porque te persiguen es el efecto del deseo de soñar eso, la causa por parte del soñador. En la experiencia que te estoy relatando, el soñador quiso soñar la experiencia de una persona que se debate en medio de una tremenda inquietud, con temor al resultado de la decisión que tomase entre someterse o no a quimioterapia y creerse en control de la situación. Quiso soñar la experiencia de miedo y temor al dolor, para lo cual estableció el argumento que ya conoces, con sus pequeñas causas y efectos tan importantes para el personaje del sueño pero irrelevantes para el soñador.

¿Quién es el soñador?

El personaje del sueño no es el soñador, es solo el personaje de una obra que está siendo interpretada tal y como escribió el autor. El soñador es el autor del guion de la obra que se está representando, de un gran guion universal compartido en el cual se desarrollan todas las tramas que el autor pueda imaginar. Hay una infinitud de tramas —pues es ilimitado el «autor»—, incluso las que somos incapaces de conocer, las que fueron, las que son y las que serán. El soñador es él o lo único que ES. Es el «amor» que se extiende en la creación a través de todas las formas que son habitadas y sostenidas por el espíritu con absoluta libertad.

El único soñador, sin embargo, se hace subjetivo en cada trama y en cada personaje, como aspecto único de un experimentar, la consciencia expresada en la experiencia de vida que se denomina en mi caso con mi nombre y apellidos, en el tuyo con tu nombre y apellidos, con todas las denominaciones que los humanos ponemos a las cosas. El espíritu es uno y a la vez único en todas y cada una de las formas.

¿Puedes creer que al soñador le importaba si decidía o no ponerme la quimioterapia? Si hubiese querido experimentar en este cuerpo —como lo hace en otros cuerpos— el sentir experiencial de ese tratamiento —quisiese yo o no con mi voluntad humana— así hubiera sido, y ante tal desbarajuste mental lleno de inquietud, al final habría decidido aceptar ese tratamiento por la razón que fuera. Porque, en realidad, mi verdadero ser real no es el cuerpo que aparento ser, es el alma que en mí experimenta la vivencia humana y el recorrido de vuelta a la unidad tras la creencia en una separación que nunca existió y el reconocimiento desde lo humano de la verdad que siempre es verdad, que no soy un cuerpo y que soy espíritu puro en unidad con mi creador. No hay dos —el significado de advaita— «yo y mi creador», sino solo uno.

Después de todo, la propia experiencia que viví ante la idea de someterme o no a quimioterapia, la propia reflexión sobre la misma fue una gran oportunidad para reconocer lo expresado en el párrafo anterior, mi esencia en unidad. Tal vez para que así sea tuvo que suceder todo lo anterior, pues todo camino, toda experiencia en la dualidad tiene un único final que no es otro que reconocer en tu alma al Hijo del Dios creador, amor, deseo y libertad en toda su plenitud.

Y eso «soy» yo. Y si me miro al espejo, aparecen todo tipo de argumentos para borrar esa idea de mi cabeza, cómo no, pues la experiencia humana, por irreal que sea, tiene toda la apariencia de consistencia y realidad. Magia que por un momento me atrapa, magia que por un momento no me atrapa y que ahora observo sabiendo que está llena de trucos y que puedo disfrutar admirando los movimientos de manos del prestidigitador —cómo el mago quiere atraer mi atención para esconderme sus verdaderos movimientos—, pero magia que, cuando me despisto, me devuelve a la creencia en lo que veo. En el momento en que veo el resultado del fantástico número de magia con todos sus trucos, amo la experiencia, aplaudo con furor, sonrío a Dios desde mi interior y con una amplia sonrisa en mis labios.

«Tú, el ser humano, eres lo que no es; yo, Dios, soy el que Soy... mi yo es Dios y no conozco otra entidad mía que no sea Dios», escribió Santa Catalina de Génova, una mística y santa de la Iglesia Católica, fruto, sin duda, de una clara vivencia no dual.

La separación que nunca fue real

En el trasfondo de la experiencia humana se halla la culpa. He escrito esta palabra más de cincuenta veces en el texto y sigue surgiendo como parte fundamental de nuestra experiencia de separación. No es suficiente que con el transcurso de los años hayas dejado de creer en un dios justiciero que premia o castiga según sean tus actos para que desaparezca la idea del bien premiado y el mal castigado del fondo de tu mente. Por supuesto que esa creencia en tu infancia o adolescencia te dejó más de una huella y, afortunadamente, vas eliminando esa creencia con la madurez. Yo conozco bien ese proceso porque lo he vivido.

Siendo un niño, recuerdo la angustia de ciertas noches en las que rememoraba las escatológicas palabras del sacerdote que me impartía la catequesis acerca de la condenación eterna y la necesidad de llamar a mi padre por las noches para que me consolara y poder dormirme. Más adelante viví unos cuantos procesos en los que el sentimiento de culpa me dominaba y trataba de racionalizar para poder seguir adelante. ¿Había confesado aquella tarde todo al sacerdote en ese acto de intimidad en el que te manifiestas culpable? ¿Podría o no tomar la comunión en la misa del domingo? ¡Qué tiempos...! Ahora, todo ese pasado que está solo en mis pensamientos regresa para darme cuenta de hasta qué punto la culpa es el trasfondo de nuestra experiencia incluso a la hora de tomar decisiones acerca de seguir o no con tu pareja, de hacer esto o lo otro en las relaciones familiares, en los ambientes de trabajo... Y al final puede que actúes de esa forma en la que no quieres, pero en la que no te sientes culpable y te haces fuerte o te crees mejor porque te estás sacrificando en cualquier ámbito de la vida. Y no tiene ningún sentido, es falso y además terminas sintiéndote mal contigo mismo por no hacer lo que sentías. ¿Culpable el Hijo de Dios manifestado en mi alma? ¡Qué absurdo! De nuevo, el mago en pleno espectáculo de magia... Lo cierto es que tanto tú como yo, en la simple experiencia humana, sabemos cuándo actuamos o no correctamente, sea como luego lo justifiquemos. La culpa ahí está, presente.

La culpa, en esencia, es la consecuencia de creer haberme separado de Dios, una traición a quien me dio la vida, sea como sea como lo interpretes en el guion que vives. Y la culpa alimenta la separación porque, ¿cómo vas a volver a casa después de lo que hiciste? Además, sabes en lo más íntimo de tu ser humano que lo malo que sucede en tu vida es culpa de Dios —si es que lo hay— porque si no, Dios no podría permitirlo. ¿O disfruta Dios de que muera el joven enamorado y deje una herida tan profunda en el corazón de su joven novia que la incapacite para volver a amar? ¿Qué hice yo para que me castigase? ¿Si Dios es amor, por qué permite que muera ese hijo al que tanto amo y al que le di la vida?

Lo cierto es que, mientras permanezca presente u oculta esa creencia en un Dios culpable, ese sentimiento persistirá pasado el tiempo grabado en tu interior y moldeará tu vida. Pero no olvides, lo creas o no, que es el deseo de tu alma experimentarte así. Porque has iniciado una búsqueda para encontrar al responsable, al culpable de lo que te está sucediendo y miras en tu familia, en la sociedad, en la educación que recibiste, en tu árbol genealógico —¡qué gran descubrimiento!—, mas, no encontraste como así te fue asegurado en UCDM:

> «*El ego está seguro de que el amor es peligroso, y esta es siempre su enseñanza principal. Nunca lo expresa de este modo. Al contrario, todo el que cree que el ego es la salvación parece estar profundamente inmerso en la búsqueda del amor. El ego, sin embargo, aunque alienta con gran insistencia la búsqueda del amor, pone una condición: que no*

se encuentre. Sus dictados, por lo tanto, pueden resumirse simplemente de esta manera: «Busca, pero no halles». Esta es la única promesa que el ego te hace y la única que cumplirá. Pues el ego persigue su objetivo con fanática insistencia, y su juicio, aunque seriamente menoscabado, es completamente coherente».

(UCDM T-12. IV. 1)

Por tanto, cuando tras esa búsqueda infructuosa ya no encuentras a nadie a quien culpar, solo queda culpar a Dios, responsable de tu carencia de relaciones, de tu falta de dinero, de tus condiciones laborales, de la enfermedad que tienes, de ser poco agraciada o un enclenque… La culpa te conduce directamente a la esencia de la separación, pues hace real todo lo externo a ti. Y olvidas que:

«Nada real puede ser amenazado.

Nada irreal existe.

En esto radica la paz de Dios».

(UCDM, In. 2. 2—4)

La culpa es el gran altar de la separación. Y, por supuesto, es pura irrealidad.

No son necesarias grandes situaciones o problemas para apreciar el sentimiento de culpabilidad. Basta con el más mínimo atisbo de auto exigencia en tu vida para que sientas que eres culpable, por ejemplo, de no levantarte a la hora que habías previsto y se manifestará con un cierto sentimiento de incomodidad o incluso una punzada de depresión. Cuando planificas tu vida, cada día, este sentimiento aparece una y otra vez; en realidad, estás viviendo otro pase mágico en el que planeas las situaciones en las que seguro te vas a sentir incómodo para repetir una y otra vez en tu vida que eres culpable, no importa de qué, no importa cómo. Se tiene que repetir el sentirte separado, imperfecto, erróneo y desde un punto de vista estrictamente humano es absolutamente imposible salir de esta experiencia porque el programa subconsciente que hay en ti está así configurado.

Cuando comencé a meditar, una de las sensaciones que antes apareció era una extraña sensación de paz y unidad. Al tener los ojos cerrados y dejarme llevar por la respiración y una ligera música de fondo, parecía que todo lo que había en ese momento era lo que estaba experimentando en ese momento. Después abría los ojos, aunque permaneciese sentado, progresivamente iban apareciendo pensamientos, ideas de lo que tenía que hacer, de la visita que me esperaba en media hora, de la última discusión con mi madre… en fin, todo tipo de ideas que hacía que me sintiera yo por un lado y el resto fuera de mí. Así, tenía en cuestión de unos minutos dos experiencias claramente diferenciadas: la paz de sentirme uno con el momento y que eso era lo único real, lo único que había y unos minutos después la sensación de separación con todo lo que había… aunque solo fuera en mi mente.

Este contraste de sensaciones me llevó a seguir con la práctica, pues lo que sucedía en silencio no podía darse con los ojos abiertos, en mitad de una experiencia de separación. De alguna manera poco científica, eso seguro, empecé a sentir progresivamente que aquellos momentos de silencio eran lo más parecido que podía experimentar a lo que hubiera después de esta vida. La sensación de eternidad en silencio era en ocasiones de una intensidad tan maravillosa que pedía que se repitiera. En todo caso, en cuestión de minutos, pasaba de experimentar lo más parecido a la eternidad a regresar al tiempo.

El tiempo no es más que lo necesario en la mente de Dios para poder experimentar la idea de separación a través de formas físicas que un día se creen los límites percibidos de sí mismos. Veo este cuerpo en el espejo y me creo que yo, Tomás, soy ese cuerpo que refleja el espejo del cuarto de baño. Afeito la cara y en ella veo ciertos límites fuera de los cuales no hay afeitado posible y, por tanto, ese es el límite. Todo lo demás que perciben mis ojos, incluso la crema de afeitar y la maquinilla con la que lo hago, está fuera de lo que me identifica y separado de mi cuerpo. Esta es la idea primordial de separación. Como estoy separado del resto, un programa ancestral que hay en el subconsciente se encarga de protegerme de lo que está separado de mí. Conforme voy a ir experimentando la «realidad» de esta separación, cuando aparece el engaño en mi vida, la violencia, la enfermedad o la carencia, en definitiva, la idea de mi propia desaparición, esa idea original de limitarme a creer lo que percibo se hace aún más fuerte, más indudable, una creencia interna mucho más robusta. Sin embargo, lo que en realidad está sucediendo es la experiencia de Dios de un afeitado, del deslizar de la cuchilla, del sentimiento que se da en mi fisiología si siento algún tirón y, por último, aparece esa punzada de desagrado. ¡Por fin experimenté separación y culpa, el objetivo de «mi» deseo.

La experiencia de la separación está perfectamente garantizada por el poder creativo de Dios. En el momento en el que surge en la mente de Dios la idea de experimentar cómo sería la separación, se pone en marcha toda la maquinaria creativa de la divinidad, todo su poder, aunque la experiencia solo pueda ser un sueño. De ahí que sea necesario que, para que el alma experimente la separación, tú y yo nos creamos la apariencia de lo que somos y con ello todo el burbujeo mental que termine en ese sentimiento de soledad y culpa que tanto conocemos. Al punto que aceptamos la enfermedad y la muerte como el castigo definitivo a nuestra osadía. Por supuesto que el sueño, como los sueños de la experiencia humana, tiene su final, el de separación en el reconocimiento de tu realidad eterna, inocente, libre y una con Dios.

Pero es tan real lo que ves, que no cabe en tu imaginación otra idea. ¿Cómo ver que lo que sucede no es más que una experiencia soñada desde el espíritu? Descubrir en tu vida la no dualidad sucede en una de las infinitas maneras en que puede darse. Es una experiencia personal. No es un conocer teórico; si no lo experimentas, no es posible. Sentirlo es esencial. Lo que he escrito en estas páginas es mi propia experiencia personal de cómo, progresivamente —siempre guiado—, ha ido penetrando en mi vida la realidad de reconocerme como el espíritu que habita una forma determinada. Todo un camino fundamentado en mis ratos de meditación abrazando el silencio.

Cuando empezaba a meditar leí en algún libro que podía caminar en ese mundo del silencio acompañado de un guía interno. Y ese guía interno podías imaginarlo. Es típico que uno pueda imaginar a Jesús de Nazaret; María, su madre; tal vez Buda, según tu cultura o creencias infantiles, o simplemente una luz brillante. En mi caso, había visto un tiempo antes una serie de televisión de contenido bíblico. No recuerdo cómo fue, pero en un momento dado apareció ante mí en ese espacio de oscuridad y silencio la figura de un hombre de la época del relato bíblico, con su vestido de un solo cuerpo, su típica barba y cabello largo y surgió un nombre desde dentro de mí: Absalón. A partir de ese momento comencé un diálogo con él. Había un trato como si fuese un amigo real que no solo estaba en mis momentos de silencio sino en otros momentos en los que se me hacía presente en mi pensamiento. Nunca supe quién era ese personaje, pero lo acepté sin ninguna resistencia. Era mi guía interno y, cuando comencé la formación en la Escuela del Perdón, pues pasó a llamarse mi Maestro Interno; el nombre es lo de menos.

Pasaron años hasta que un día tras tomarme mi segundo café de la mañana se me ocurrió buscar en internet el significado de Absalón. Nunca antes se me había ocurrido buscarlo, tuvo que ser en ese momento. Y fue impresionante comprobar, una vez más, que siempre he sido guiado en este camino con pequeñas pero imborrables señales: Absalón, en el relato del Antiguo Testamento, es el tercero de los hijos de David. Es destacado en el Libro de los Reyes por su belleza y su abundante melena. Su significado es «el Padre es Paz» o «Paz con Dios». Exactamente lo que sentía en el silencio…

Cada cual seguro que podría contar su propia experiencia en la que siente cómo es guiado; como no se trata de que tú busques ver la vida de una forma diferente, en realidad la vida te va buscando a ti hasta llegar al punto en el que, más que decir que estás viviendo tu vida, en realidad piensas —al menos en esos momentos de íntima unión— que la vida te vive a ti.

Silencio tras silencio, estoy siendo conducido y, en la manera en que va siendo deseado, la culpa va dejando paso a un profundo sentimiento de inocencia, que es lo mismo que decir que se va desmontando la separación. En realidad, sigue apareciendo porque el programa mental no va a desaparecer mientras habite esta experiencia humana, pero le retiro toda veracidad y manifiesto mi inocencia. Ahora sé que, efectivamente, esto que sucede y me produce esa pequeña o gran incomodidad, no es más que el deseo de mi alma de experimentar el momento presente de la forma en que se hace. En ese momento de comprensión de la verdad, en vez de meterme en un circunloquio mental que me conduzca a la culpa, surge la paz y el abrazo al deseo de mi alma, reconozco la presencia del espíritu que me habita y sostiene mi existencia. Sé con certeza que soy habitado por «él». Pase lo que pase, nada sucede en realidad, soy la misma inocencia, soy invulnerable a todo, la paz sigue presente y la separación desaparece, pues, en realidad, nunca fue real. Y ocurre el milagro del que habla el libro azul, que es un curso para hacer milagros que un día compré por pura atracción egoica. Una enorme sonrisa surge del fondo de mi corazón mientras repito una frase que me acompaña por el resto de mi experiencia humana:

«Yo y mi Padre somos Uno y el Mismo».

La Vía de la Maestría

5

Ahora

El ahora no es otra cosa más
que el presente eterno donde todo «es».

Año y medio después de la experiencia del cáncer de colon vendí la oficina de farmacia y me trasladé a vivir a la costa de Almería. Muchos años antes había sentido el deseo profundo de vivir junto al mar. Cuando me divorcié, meses después, pensé que era el momento de comprar el deseado apartamento en la playa. Llegar al levante de Almería fue una suma de casualidades, pues mi deseo inicial era comprarlo en la Axarquía, la comarca malagueña cuyas costas corren desde la misma Málaga hasta la provincia de Granada en la costa tropical. Pero los elevados precios que vi en las zonas que me gustaban me invitaron a mirar otros lugares, y en alguna conversación fortuita sin importancia apareció el nombre del Playazo de Vera y los buenos precios que allí había.

Aquí estoy ahora, escribiendo estas líneas, en un pequeño apartamento de una hermosa urbanización de estilo mediterráneo que espero cambiar por algo más grande y donde apenas llega el ruido del viento moviendo las palmeras que hay junto a la terraza. Este es mi ahora, el tecleo de letra tras letra para componer palabras, la música suave que llena este cuerpo y con la que he estado meditando hace un rato, la sensación de algo más que está presente en mí, que hace que mi cuerpo sienta una ligera vibración y saber que la presencia del Amor me llena aunque pudiera no enterarme de ello. Ahora la tengo presente, he pedido su presencia, o más bien, he pedido ser consciente de su presencia porque en el ahora, la «presencia» siempre «es». Sostiene el momento presente, siente lo que ahora «es» a través de este cuerpo prestado. Es más, sin su «presencia» no habría este momento.

Y en este estar en este momento, me doy al mismo sin resistencia alguna y recibo la «presencia» que es momento presente. Me doy y recibo en un continuo acto de relación en el que soy llevado a escribir lo que sutilmente va surgiendo, y dejo fluir para dar cuerpo a estas páginas.

El silencio me invita a escribir

Por supuesto que tras la cirugía y no tener que ponerme quimioterapia el oncólogo me dijo que vigilarían estrechamente mi estado de salud y que tendría cinco años por delante de revisiones que al principio fueron cada seis meses y en la actualidad está siendo cada nueve meses, con una perfecta evolución que dejó aquello en una simple anécdota llena de un inmenso experimentar.

Como ya comenté, vendí el negocio y cerré esa parte de mi vida como profesional de la salud para abrir la puerta a otros proyectos que no había podido llevar a cabo hasta entonces, y me dispuse a seguir lo que las palabras del silencio me fueran sugiriendo. Poco a poco, silencio tras silencio había una voz que me decía que escribiese. De pequeño, en los ratos de aburrimiento en el tiempo de estudio entre dos clases cuando estaba en bachillerato, además de alguna partida a los barquitos con algún vecino de pupitre, me puse a escribir historias, más bien cuentos de niño, donde se peleaban buenos y malos y sobra decir quién ganaba.

Teniendo apenas diez años el hombre pisó la luna y eso fue para ese niño Tomás toda una fuente de inspiración que se vertía en líneas manuscritas en cuartillas a las que había dado forma de libro cortándolas en el tamaño adecuado y uniendo por el centro con una o dos grapas todas las que habían sido necesarias. Y estas historias de ratos de estudio le llegaban a Pilar, una prima de mi madre de apenas treinta años que, en un accidente de coche, se había quedado en silla de ruedas sin sentir de cadera para abajo. Que esas infantiles líneas fueran útiles para una persona de la que solo conocía su voz y muy vagamente recordaba su figura de algún momento de mi infancia, me pareció tan importante, por las palabras que me dedicaba por teléfono, que me motivaba a seguir inventando historias aprovechando esos ratos de estudio que me sobraban, pues reconozco que siempre tuve facilidad para los estudios.

Más adelante, ya en mi adolescencia avanzada, comencé a escribir una historia en una vieja máquina de escribir y a pelearme más de una vez con el típex y las barras de las letras que se cruzaban e impedían que los caracteres se imprimieran en la cuartilla. Esa historia me acompañó unos cuantos años, más adelante junto a una máquina de escribir portátil que pasó a formar parte de mi equipaje por los diversos colegios mayores de Madrid donde me alojé un tiempo durante mis estudios en la universidad. Hasta que, en cierta ocasión, alguien que escribía y no le gustaba el contenido de mis páginas, pues quebraba el dogma del grupo donde me encontraba, decidió que no escribía nada bien y destruyó aquellas cuartillas con el consentimiento de un joven desilusionado y desvalorizado. Eran esos tiempos de búsqueda en la religiosidad tradicional. Y desde entonces apenas escribí algo hasta después de divorciarme. Así que cuando surgieron esas voces me llené de dudas pero al final me rendí... y surgieron las palabras:

«Está bien, te dije en la intimidad del silencio. Si es tu deseo, me conducirás en este viaje».

Unos días después empecé a escribir estas páginas.

Una invitación al compromiso

Me llamó la atención que la persona autora de una nueva —para mí— canalización se definiera como una simple mujer creyente y corriente a la que le gustaba escribir. Estaba en el período de recuperación de la cirugía cuando Agustín me habló de un nuevo curso canalizado difícil de encontrar en ese tiempo, pero que me lo iría enviando en formato PDF. Se titulaba *Un Curso de Amor*. El libro trajo cierto oleaje intenso al mundo de la no dualidad del que no fui ajeno y me llevó a reflexionar sobre aquello. Lo más complicado, por sentido, es cuando un divulgador de UCDM habla mal de tu maestro. No un personaje banal, no una conversación de bar… Se trataba de un maestro a quien había escuchado a través de internet y con quien tuve una breve relación al respecto.

La historia era interesante, pues la persona en cuestión estaba emparejada en aquellos días con Leticia, la primera persona que me pidió que la facilitara, que la aconsejara desde este mundo de no dualidad, precisamente en situaciones que tenía con este divulgador que era su pareja. Y comenzó un debate de ideas con esta persona que llegó a sembrar en mí alguna duda. Recordé entonces cómo, siendo un joven comprometido con una institución de la iglesia, debatía con compañeros acerca de las rupturas en el seno de las iglesias y las batallas que se habían dado; en fin, una historia bien conocida. Ni siquiera la intolerancia de los primeros enseñó a los siguientes a no serlo… Es una vieja constante, es la presencia del ego que, como perejil de todas las salsas, no se ausenta de ningún ámbito y que ahora enseñaba su tarjeta de presentación en el mundo de la no dualidad.

He de confesar que, personalmente, las páginas de UCDA me atraparon con la fuerza que no tuvieron las de UCDM, a pesar de todo lo importante que habían sido. Sería, tal vez, que la

Escuela del Perdón me había dado unos conocimientos que no tenía cuando leía UCDM; la cuestión es que, en este caso, leerlo se hacía más sencillo y me producía una maravillosa sensación, de manera que, poco a poco, acepté el reto del compromiso al que se me invitaba desde el primer momento cuando —a diferencia de UCDM— me decía:

«Este es un Curso de Amor, el momento para tomarlo es ahora.
Ya estás listo y los milagros de amor son necesarios».

UCDA, P. 1

Sencillas y directas, pero a la vez contundentes frases que invitaban a la siguiente etapa de mi camino, que no era otra cosa más que el compromiso. Palabras dirigidas a mí en ese preciso momento. Si bien en las páginas de este nuevo Curso se justificaba la necesidad de que previamente se hubiera dado UCDM para actuar sobre mi mente antes de prepararme para el siguiente paso, la apertura de mi corazón, sin la cual no sería posible el compromiso al que estaba siendo llamado.

Tal y como yo lo siento, UCDM llega a tu vida para hacer una transformación, una inversión de pensamiento, y si sigues las instrucciones de los ejercicios tal y como se recomienda, buscando ratos de silencio en los que hacer la práctica del día meditando, dejando que las frases calen en el silencio de ese pozo de consciencia que te envuelve al cerrar los ojos, la experiencia del silencio te va a conducir de igual manera, sin remedio alguno, al compromiso, porque el amor sentido en el silencio va a abrir tu corazón.

Sin embargo, es fácil depositar en tu mente lo que te muestra UCDM en la limitada pero fascinante idea de cambiar tu forma de pensar y que el hecho de hacerlo día tras día, ejercicio tras ejercicio, te permita un poderoso control de tu mente, una disciplina que antes no tenías. Y, de hecho, no es extraño escuchar de alguno de sus estudiantes que es un curso de control mental. Y una vez que ha sido depositado, ejercicio tras ejercicio, es posible que se quede ahí simplemente como bagaje teórico y de mejora personal, sí, claro, un curso de mejora personal… avanzado.

En su enseñanza no dual hay un aspecto «aparentemente dual» cuando comprendes que en ti hay dos voces: la voz del ego y la voz del Espíritu Santo. En definitiva, dos maneras de pensar, de poder ver las experiencias de cada día, aparentemente opuestas e irreconciliables. A partir de ahora, si sigues el curso, a cada paso del camino podrás escoger actuar siguiendo las directrices del ego o bien la mentalidad santa, la voz del Espíritu Santo. Podrías entender que en ese momento, al decidir cómo mirar, sería posible actuar bien o mal según la voz a la que sigas, lo que te conduce a la culpa.

Esto hay que entenderlo bien, porque UCDM es una enseñanza no dual —sin duda—, pero es en tu experiencia donde es fácil que aparezca el juicio sobre ti mismo o bien, dado que lo que te enseña el Curso es que lo que vives no es más que un sueño, que lo que percibes no es más que pura ilusión, pues podrías concluir que sencillamente da igual lo que hagas —actúes desde el ego o desde el Espíritu Santo— ya que Dios «está fuera», como el que tiene el sueño en el cual tú eres una sombra, un mero pensamiento perteneciente al propio sueño y, por tanto, no cabría la posibilidad de que se pudiera dar una relación directa entre el soñador del sueño y el protagonista del mismo, entre tú y el soñador —Dios—. Entonces, ¿qué importancia tendría actuar de una u otra manera? Ninguna, Dios y tú, visto así, sois dos entes diferentes. Él te sueña, mas tú simplemente eres eso: una sombra en un sueño del que despertarás y, entonces, ahora sí, el espíritu, tu alma tendrá relación con su Creador. Y esta experiencia no solo ha formado parte de mi experiencia, sino que la he visto en personas que he conocido en este tiempo, reclamando con energía vivir esto, lo que sea, que lo otro, el alma, bueno, ya se dará cuando hayas despertado del mismo.

Visto así, UCDM se quedaría como una enseñanza —no dual, sí— que se alojará en tu mente y tratarás de usarla en tus vivencias como humano, o sencillamente formará parte de tu cuerpo teórico ya que en realidad separas tu vida humana de la «vida» de tu alma. Por ejemplo, si —como te dice UCDM— tu hermano está frente a ti para mostrarte lo que has de aprender y forma parte de tu ayuda en el camino, entonces puedes ver la vida como un espejo donde verte a nivel «personal». El aprendizaje del Curso te dará la oportunidad de modificar y desarrollarte hasta donde quieras llegar como efecto de una «decisión personal». Es decir, tratarás de ser mejor «persona».

Aparece, casi tratando de que no se note mucho, una especie de sutil brecha entre lo mundano y lo espiritual, dejando cada experiencia en su espacio… Y no es que sea absolutamente incierto. Claro que mi hermano me refleja esa parte de mí que tal vez no quiera ver, pero la invitación es mucho más profunda. No solo se trata de que aprendas de esos espejos, se te invita a aceptar todos esos espejos, todas esas almas que en forma humana aparecen como espejos, como parte de ti y de todo, y en un siguiente paso a darte cuenta de que esa experiencia, esos espejos han sido deseo tuyo, pero no un deseo «personal», sino el guion del tiempo, la partitura que quiere interpretar tu alma. El deseo de tu alma. En realidad, se trata de tu alma en relación con otras almas, el espíritu consigo mismo, la creación de Dios con la creación de Dios, la relación del «uno», de Dios consigo mismo mediante la experiencia que ahora viven esos espejos. Y si todo es «uno», sino hay más que «uno» —recuerda, «advaita» significa 'no dos'— lo siguiente es dar un paso más, aquel que te lleva a aceptar la relación directa con Dios, encontrar ese espacio íntimo —que es real en esta experiencia y es real en la mente de Dios, que te habla como me habló a mí en Salamanca— en el que reconoces que «*soy uno con mi Padre y el mismo*», (Vía de la Maestría).

La relación directa

UCDM para mí fue una guía de meditación, una invitación repetida al silencio, no un repetir por repetir frases sin sentirlas de la lección que tocaba en el día. Como ya sabes, la meditación formaba ya parte de mi vida y sencillamente permití que esas palabras de cada día se diesen en ese espacio. No fue un curso de control mental ni fue un curso de psicología transpersonal avanzada que estudiase un día sí y otro también, fue sencillamente mi guía día tras día, silencio tras silencio, hasta estar listo para el siguiente paso que ahora llegaba.

Por tanto, las lecciones de cada día constituían la materia de mis meditaciones. Había un conversar en silencio acerca de esa frase de cada día, un dejar penetrar en mí lo que iba repitiendo en silencio, de manera que las frases del libro de ejercicios fueran disolviendo antiguos conceptos e iban apareciendo como recuerdo a lo largo del día mientras hacía otras cosas. Y eso me brindaba momentos de paz y calma que, hasta en lo externo, mis compañeras de trabajo notaron. Ya no tenía que seguir buscando esa sensación de provisionalidad, que en tantos momentos de mi vida había conversado, desaparecía, pues ahora sentía que ya estaba donde tenía que estar.

La primera vez que escuché a Jorge Lomar hablar de «relación directa» en el primer retiro del curso Expresión confieso que no entendí nada. Si dejaba el pensamiento automático con su fluido de ideas y recuerdos, aquella frase me llevaba a aquellos primeros tiempos donde la relación con Dios era meramente interesada y en la que se daba un diálogo interior e incluso exterior con un Dios al que te diriges desde fuera, como si se tratase de cualquier imagen de cualquier iglesia. Y obviamente eso no podía ser.

En mis ratos de silencio había una relación con mi guía Absalón, que ya te presenté. Había una relación interior, un diálogo, una invitación al silencio. Pero las resistencias que siempre han existido para cambiar de paradigma, no se rendían ante la maravillosa idea de estar en relación directa con Dios. Sin embargo, ¿con quién si no me relacionaba al conversar con Absalón, mi guía interno? ¿Qué hay dentro del ser humano para tal resistencia? ¿Por qué, a pesar de existir ya esa relación, cuando escuchaba en aquellos días la idea de mantener una relación directa con Dios algo se bloqueaba dentro de mí y me llevaba al silencio más absoluto que se iba a rellenar con todo tipo de pensamientos ajenos a aquel retiro de silencio?

Estoy convencido de que al escuchar la idea de tener una relación directa con Dios, se encienden todas las alarmas del ego por más que a lo largo del camino se haya producido un «acercamiento», por decirlo de alguna manera, que hace posible esa cierta intimidad en silencio. Y aparece un cierto miedo a Dios como recuerdo inconsciente de una separación que, en realidad, nunca existió.

En efecto, desde hacía tiempo mantenía una cierta relación con mi guía, con la certeza de ser real, pero sutilmente, su presencia, que aun sentida dentro de mí, pareciera que estuviera fuera. Como si dos círculos se fundiesen, pero no completamente, dejando cada uno pequeñas partes de estos ajenas al otro círculo. Ahora, mientras escribo estas palabras, me doy cuenta de que probablemente hacía años que estaba manteniendo una cierta relación directa con Dios, pero mi mente se negaba a reconocerlo. Pues Dios, su «presencia», siempre está, aunque te niegues a recibirlo.

Ahora, por tanto, es el momento de la relación directa. Ahora es el momento de una intimidad más que posible, de dejar de buscar fuera y hablar con Él dentro. Esta era la invitación que me traía la canalización de Mary Perron en *Un Curso de Amor*. Y, página tras página, subrayado tras subrayado, fui completamente seducido por esas páginas que me hablaban de la presencia de Cristo en mí, de la no solo posible sino real comunicación entre esa presencia de paz y el personaje de una historia que se daba cuenta del juego en el que participaba. No se trataba de creerme ser más que un personaje, sino de saber que ese personaje estaba en la Mente de Dios y eso posibilitaba su existencia. Y no te niego que al principio eso pudiera ser desconcertante porque rompía cualquier idea fruto de la educación recibida. ¿Cómo era posible que un mero ser humano se considerase más que eso?

En la forma, descendemos físicamente, genéticamente, de aquellos primeros pobladores de la tierra que necesitaron adorar a cualquier dios, fuera la luna, el sol o imaginarios personajes del mundo de los dioses. Religiones y culturas dieron forma o prohibieron dar forma alguna a ese dios ajeno a la experiencia humana pero que establecía unas normas morales merecedoras de premio o de castigo. La misma enfermedad, la ausencia de lluvias para el campo con el hambre que traía, se trataba de paliar mediante oraciones y las plagas se consideraban castigo divino que conducían a severas penitencias, cuando no, en ciertas culturas, incluso al sacrificio de seres humanos. Más tarde, cuando el mundo se enfrentó a grandes guerras, a un gran dolor y sufrimiento, entonces se negó la existencia de un dios que, de existir, no hubiera podido permitir tal cosa.

Sin embargo, en esos tiempos de oscuridad, de magos y chamanes, había voces que apelaban a una «presencia» interior que mostraba el engaño de la experiencia humana en un mundo de ilusión o maya. Ocho siglos antes del nacimiento de la era cristiana, el filósofo hindú Shankara conformó las enseñanzas advaitas a partir de las *Uphanisad*, unos importantes textos hinduistas que reformaron la religión védica. Sus enseñanzas no difieren mucho del zen, el sufismo en la cultura islámica y la mística cristiana. Y, mientras los reinos y religiones se enfrentaban en guerras sangrientas a lo largo de la Edad Media y el Renacimiento, e incluso en nuestros días, surgían voces que apelaban a esa experiencia interior en sus enseñanzas: Margarita Porete, Santa Catalina de Génova, Isaac Luria, Rumi o el monje dominico Maestro Eckhart, acusado e investigado por orientalista mientras le sobrevenía la muerte. Pero estas enseñanzas quedaron reducidas a textos maravillosos y a lo que sus discípulos hicieron con ellas, siempre en ámbitos reducidos y, como digo, con el riesgo de la sospecha de las jerarquías.

«Dios es lo Uno, donde toda multiplicidad es una sola cosa y una no-multiplicidad».

Maestro Eckhart

«El Es y yo no soy en absoluto, solamente soy lo que Dios es en mí y no otra cosa. Amor y esas almas son una misma cosa y no

dos, pues eso supondría discordia, pero son una sola cosa y por ello
son concordia».

Margarita Porete

Y ahora, rompiendo cualquier concepto pasado acerca de la relación entre el hombre y Dios, en esas maravillosas hojas impresas del archivo PDF que había recibido, leía:

«*P.7 Resulta fácil imaginar de qué manera el Cristo en ti difiere de tu ego, pero no es fácil reconocer la forma en que el Cristo en ti se diferencia del espíritu. Cristo en ti es aquella parte capaz de aprender en forma humana que significa ser una criatura de Dios. Cristo en ti es aquella parte capaz de tender un puente entre ambos mundos. Esto es lo que significa la segunda venida de Cristo.*

P.8 El ego es lo que tú has hecho. Cristo es lo que Dios ha hecho. El ego es la extensión de lo que crees que eres. Cristo es la extensión de quien Dios es. Para poner fin a la necesidad de aprender has de saber quién eres y qué significa esto. Mientras que el curso de milagros original fue un curso para revertir la manera de pensar y de entrenamiento mental, un curso para mostrar la demencia de la crisis de identidad y así poder desbancar la sujeción del ego, este es un curso para establecer tu identidad y poner fin al reinado del ego».

(Un Curso de Amor, Preludio, págs. 7-8)

¿Cómo no iba a ser seducido por estas palabras cuando apenas comenzaba a leer el texto?

Siempre acompañado por Él

En muchos momentos de esta historia me he dado cuenta de que, una vez iniciado el camino, ya no hay marcha atrás posible. Pudiera sentirse como la imposibilidad —valga la redundancia— de elegir otra cosa diferente a seguir en esa búsqueda de la esencia, del origen y de la «presencia».

Los momentos de intenso gozo en el silencio, los recuerdos de haber vivido situaciones en las que no recuerdas lo que hiciste la última media hora, incluso conduciendo el coche, esa voz interior que dice ser tu padre semanas después de que hubiera abandonado este plano, las respuestas que has tenido ante peticiones que se hacen en la experiencia de la meditación, el inmenso gozo de tantas sesiones de meditación en las que desearías despertar del sueño, pues sientes que nada te ata, una profunda libertad, en fin, todo eso hace que sea imposible no seguir…

Precisamente todo aquello no son más que los regalos que fui obteniendo en el camino. Dios no me abandonó cuando escogí experimentar la separación. Me dio todo su poder para construir todas esas experiencias en las que —una y otra vez— me identificara con la forma y la llenase de valor. El dolor y también el gozo corporal hablan tan alto que la mera consideración de no ser un cuerpo sencillamente resulta completamente absurda. Sí, por supuesto, hice el engaño francamente creíble pues tenía todo el poder creativo como Hijo de Dios. Pero en ese maravilloso juego de energías, experiencias y vivencias también se coló la inquietud por saber qué es mi esencia, qué significa esta vida o si hay algo más tras la muerte. Y llegaron libros… en fin, una historia, esta que te he contado, como cualquier otra que tú hayas escogido, parecida pero por completo diferente, que nos hace sentir en algún momento la presencia de Dios.

Se que Dios me lleva junto a Él, no nos deja solos una vez que ya lo hemos sentido y de vez en cuando nos regalará esas nuevas experiencias realmente maravillosas en las que encontraremos Su mano. Así, no seguir volviendo cada día a ese espacio íntimo y personal de meditación, o caminar unos minutos perdidos en pensamientos en los que dejamos que sea Él quien hable, es sencillamente imposible.

Y entonces, a veces, las cosas suceden a tal velocidad que, cuando apenas estás inmerso en algo nuevo, eres invitado a otra experiencia sin apenas haber terminado la anterior. Y de manera fortuita, como siempre, llegó a mi vida otro texto canalizado que apenas se podía conseguir descargando unos archivos de internet en formato PDF, *La vía de la Maestría*, que hoy ya se ha editado. La curiosidad me lleva a encontrarme con un nuevo texto canalizado, en este caso por Jayem, un americano llamado Jon Marc Hammer, que desde 1987 mantenía una relación con Jeshua, Jesús de Nazaret. Esta relación grabada en una serie de CD y posteriormente transcritos constituye *La vía de la Maestría* que la forman tres textos. La invitación era leer *La vía del Corazón*, la primera parte del texto canalizado por Jayem, a razón de un texto al mes hasta cumplir el año. Posteriormente vendrían *La vía de la Transformación*, otros doce meses y, para terminar, *La vía del Conocimiento* por otros once meses más, que me han ocupado los últimos años de esta historia.

Curiosamente pocos días después me invitaron y acepté participar en un grupo de estudio que organizaba la Escuela del Perdón y aquellos textos fueron algo que en mi experiencia han supuesto un antes y un después, de manera que los dos círculos de los que te hablé antes se van fusionando por completo en una experiencia íntima de transformación. Te puedo decir que las palabras que forman parte de las lecciones de la vía de la maestría me acompañan cada día en el desempeño de la experiencia vital y van horadando, como agua fina sobre la roca dura, las resistencias que el ego me manifiesta en momentos que mi alma ha decidido experimentar con intensidad, precisamente tratando de hacer real la idea de la separación. A pesar de la sencillez de su lectura y hasta de la brevedad de los textos, *La vía de la Maestría* tiene un profundo efecto transformador.

La autoimagen como defensa del ego

En este ahora, cuando escribo estas páginas, me permito mirar cómo ha sido el camino hasta este preciso momento. Las palabras de Jeshua me han permitido comprender que, cuando mi alma encarnó, deseaba —vibraba— experimentar las vivencias que con este cuerpo ha tenido y especialmente en las relaciones. Decidió encarnar la forma de Tomás en una relación de formas, padres, abuelos, amigos, familia y parejas... precisamente adecuados para tener las vivencias que he tenido hasta la fecha. Sin error posible. Las únicas experiencias adecuadas para el deseo de mi alma. No podían ser otras, aunque me rebelase en muchos momentos porque al humano le desagradaban, pero lo más maravilloso de todo es que esas otras formas con las que me he relacionado fueron habitadas por las almas que decidieron hacerlo invitadas por la mía. De igual manera que mi alma aceptó la invitación de esas almas en esas mismas experiencias que eran vividas desde posiciones subjetivas diferentes. El espíritu en relación con el espíritu comprendiendo la auténtica relación, la de Dios consigo mismo.

Y así a lo largo del tiempo puedo observar una precisa línea de situaciones que, cuando las miraba antes con detenimiento, me decía que cómo era posible que estuviera en una relación de cualquier tipo se repitieran en esencia las mismas experiencias. Me he preguntado en muchas ocasiones cuál era la razón por la que una persona repitiera en su vida las mismas desagradables —o agradables— situaciones. ¿Te das cuenta, por ejemplo, que en situaciones de violencia familiar la pareja proviene de otras experiencias similares, incluso con sentencias de alejamiento? Vemos que hay quienes levantan en su vida tantas empresas de éxito como sea preciso, o quienes, por mucho que lo intenten, repiten situaciones de fracasos laborales, dificultades económicas o lamentables situaciones de abusos de todo tipo. La sabiduría popular lo había expresado con esa frase tantas veces oída de que hay quienes nacen con estrella y quienes nacen estrellados.

En mi caso los mayores maestros o maestras de mi vida han sido y son las relaciones. Me he casado dos veces con un guion de dificultades que se repiten. Si me voy a la esencia puedo ver que también se dieron durante mi infancia, en la adolescencia y en otras relaciones fuera de la pareja de mi vida adulta. Amigos, padres, hermanos, mis dos parejas y mi hijo fueron invitados a formar parte de lo necesario para que se dieran esas experiencias con un denominador común. He de decir que han sido excelentes intérpretes del papel que se les asignó en la libre decisión tomada en absoluta libertad en el lugar donde no existe el tiempo.

Así puedo reconocer como elemento común que la imagen que de mí mismo hice ha sido constantemente puesta a prueba en las situaciones que vivía. El trato injusto tantas veces sentido no era más que el argumento necesario para, con el tiempo, deshacer cualquier imagen pensada de mí mismo. Esos «yo no me merezco esto» muchas veces pronunciados al «otro» de turno no hacían más que querer dar valor a la respuesta externa que deseaba fuese distinta y acorde a mi propia auto imagen. Esta numantina defensa de mi imagen no hacía más que reforzar la idea de ser un cuerpo o, más en concreto, una personalidad a la que dar la consideración que yo exigía para mantener la convivencia. En ocasiones, cuando se daba cierta situación le recordaba a la invitada a mi experiencia las situaciones por las que había pasado y por las que era tan importante que aquello no se repitiera.

Y sí, como casi siempre pasa, me remontaba a mi infancia, a la poca aprobación de mis triunfos en los estudios y la siempre presente reprobación ante los fracasos. Y luego pasaba a otra historia con tal persona, después a la siguiente… Pero, mientras no me diera cuenta de la esencia de lo que estaba sucediendo, mientras no desmontara la idea de que alguien tuviera que aprobarme —pues nada hay fuera de mi verdadero ser real, eterno y completo— las situaciones con argumentos de lo más variados se iban a repetir y durante mucho tiempo, porque el deseo del alma se completa cuando se desmonta el engaño.

La creatividad ha sido inmensa pero la luz siempre termina por emerger, el camino de ida tiene previsto la senda de regreso. Y, como no puede ser de otra manera, las invitadas relaciones especiales que iban a ser aquellas con las que imaginaba que no se dieran esas situaciones no faltaron a la cita, y después se envolvían en una nube para desaparecer. Decepción tras decepción se va resquebrajando la imagen hasta emerger esa luz que te habla de quién realmente eres: la perfecta expresión de amor en la forma. En silencio, siempre en silencio, como fundamental compañero para recibir el regalo de saber que todo lo que sucede, «es» en la mente de Dios, en el deseo de Dios y en el amor de Dios. Se trataba de entender que el puro amor de Dios es tan libre que permite y experimenta todas las cosas y en todas está el «amor». Solo el «amor» explica que se den todo tipo de experiencias vitales, toda forma de vida por incómoda o dura que sea.

Caminaba un día en dirección a mi trabajo cuando me encontré con una imagen que movió mi sentir. Era una figura humana enormemente obesa, deformada, apenas erguida mientras trataba de caminar calle arriba con notable dificultad. Me dije que solo un infinito amor querría habitar ese cuerpo, sentir su difícil caminar, los indudables dolores que tendría en sus articulaciones dañadas por el peso, la impresión al verse frente al espejo, en fin, una vida que yo no querría, un experimentar que no desearía nunca para mí. Solo Dios en su maravilloso amor creativo permite en su infinita creatividad esas vidas que nadie querría.

La meditación, el silencio que de forma progresiva se instaló en mis mañanas, ha sido el nexo de mi vida los últimos treinta años, el guion casi sin presencia aparente de lo que iba sucediendo. No ha faltado nunca a la cita. Me ha respondido cuando le pedí respuestas, me regala momentos de inmenso gozo cuando le pido que me muestre un cachito de eternidad y en cierto momento me presentó a la persona con la que, en adelante, iba a compartir mi vida y lo sigue haciendo.

Meses antes de que la conociera, en un rato de silencio, como cada día, una figura emergió entre esas sombras que no son sombras, en ese ver que no es con los ojos. Sin embargo, la figura era clara, sin definir su rostro, pero muy evidente la manera en que avanzaba hacia mí. Aquello pasó y tuvo que avanzar un tiempo hasta que conociera a Patricia de forma anónima en una de esas páginas web que ya entonces abundaban. Tan anónima era la forma de hacerlo que el primer contacto debía de ser para intercambiar fotografías si la primera impresión ante un correo electrónico así lo posibilitase. Y puedes imaginar mi sorpresa cuando la fotografía que recibo, la primera, era la misma imagen que había visto en ese rato de silencio.

Sin duda era la siguiente invitada a la fiesta de mi alma en su deseo de recorrer el camino de ida y regreso para desmontar el engaño de la imagen pensada. Ha sido y es —con todas las dificultades inherentes al trabajo encomendado— mi mejor maestra. Aprender con ella a permitir que la otra persona sea como sea, por diferente a ti que lo sea, ha sido un empinado camino.

La defensa de la imagen propia, en todos los casos, supone eliminar la libertad de quien se relaciona contigo. Y en la limitación de la libertad está el origen de todos los problemas de las relaciones. Siempre habrá algo que el otro no pueda hacer. Siempre se dará la tentación de enseñar al invitado a tu vida cómo comportarse, qué comer o cómo aliñar la ensalada. Y en mi caso, en este aspecto de la vida he sido un terco reticente a aprender, pero para la «luz» que se filtra por las grietas de la imagen castigada, nada es imposible.

A veces, en conversaciones acerca de estos temas con amigos, te sugieren que, más que aceptar las cosas como son, en realidad te resignas a lo que hay antes de lanzarte a una nueva aventura. Como si fuera la solución. Una buena amiga de Brasil me contaba la historia de su padre que, tras siete parejas, hablaba con ella confesándole que había tenido éxito con las mujeres, pero que no había dado con la adecuada. A lo cual la hija le repuso si acaso no había pensado que el problema estaba en él.

La diferencia entre aceptación y resignación radica en ver inocencia o asignar culpas. Cuando te resignas ante una situación no dejas de mirar la culpa en tu pareja, tu hijo, tu compañero de trabajo o lo que suponga para ti. Tú eres el bueno y existe otro, que es diferente a ti, que es el malo de la película. Si aceptas —me gusta más decir si permites— la situación como está sucediendo, lo que sucede en este momento se está dando en «ti», nada hay fuera de ti y tú no eres ninguno de los componentes de la escena y a la vez «eres todo». La experiencia es tu experiencia, la experiencia «eres tú» precisamente en ese momento y, aunque puedas verte como forma, sentir tu cuerpo y tus emociones, e incluso responder ante ellas como si fuese lo único real, a la vez sabes, te das cuenta en un instante, que la experiencia «eres tú». Y la mirada cambia. Entonces todos, absolutamente todos los intérpretes de la escena son pura inocencia. No te exiges nada, no exiges nada. Permites tu libertad y permites su libertad, y después te dejas conducir por tu corazón. Dejas que el sentir te lleve por mucho que tantas veces ni lo entiendas.

Por aquellos días previos a volver a emparejarme, mi hijo Víctor cumplió los dieciocho años. A partir de ahí la relación se hizo muy complicada y antes de que terminase sus estudios dejé de verle y así es hasta la fecha. Lo que comenzó con una batalla de poder llena de heridas fue evolucionando a resignación en un principio y permiso después. Él es otro de mis grandes maestros, porque verle inocente ha sido, y aún es hoy en día, algo complicado. Solo el pensamiento antes expresado de no verme diferente, no verle fuera de mí, hace posible hoy la comprensión de este aspecto de mi existencia. Y es el enorme poder del silencio, siempre el silencio uniendo los acontecimientos de esta historia, quien me regala paz frente al mero sentir humano.

Si bien estas páginas son fruto de una llamada interior, en lo humano son los ratos de conversación profunda que aún no he podido tener con Víctor.

Y termino. Si has tenido la amabilidad de llegar hasta aquí te lo agradezco profundamente. Pero déjame decirte una cosa más.

En este camino, por aquello de que tenemos una mente dual, tendemos a diferenciar entre dos cosas: una o la otra. Al hablar del sueño, al comentar que todo aquello que percibimos no es real, lo enfrentamos a lo que sí es real. Dios es real pero esto no es real. Queda ahí como difuminada una visión dual de cada momento. O ahora vivo en la verdad o, por el contrario, estoy viviendo en el sueño. El ego se resiste a entregar el control, trata de sacar ventaja de esta aparente situación que, si la ves de las dos formas de manera excluyente te mantiene en dualidad, al menos en ese momento. Y esto sucede con frecuencia en quienes estamos comprometidos con vivir la verdad de la no dualidad. Se trata, otra vez, del engaño del mago, con toda su lógica ahora aderezada de conceptos espirituales. Mas, ¿dónde, si no es en la mente de Dios, se desarrolla toda la escenificación de esta obra que llamamos vida? ¿Acaso un sueño no es real si hasta lo recuerdas cuando apenas has despertado? ¿Pero no resultaba ser algo falso lo que sucedía en el mismo, pues no es cierto que haya tales pájaros con ocho alas ni que tu coche sea uno super lujoso? Aquello no fue verdad, no es real. Y sin embargo todo ha sucedido en ti, lo viste real pero a la vez sabes que no es real. Que no fuera real no significa que no sucediera. Sucedió como suceden los acontecimientos de cualquier historia, pero es pura ilusión que sucede, ahora lo sé, en la mente de Dios.

Comprender quién realmente «eres», comprender el engaño de la experiencia que llamamos real, pero a la vez la certeza de que se da en la mente de Dios permite unir —por decir de alguna manera— los dos mundos, la ilusión y lo real en cada instante del momento presente. Y ahora sí, no queda ninguna duda, todo lo que sucedió, lo que sucede y lo que sucederá es exactamente como sea en la mente de Dios, y si de Dios solo puede extenderse «amor», aquello que pasó, lo que se da en este momento presente y lo que en el tiempo experimente mañana no es más que fruto del «amor».

Sí, el día que su madre le dijo a mi hijo que dejábamos de vivir juntos, su grito desgarrador en medio del llanto me rompió el corazón. Jamás lo olvidaré… Y, sin embargo, aquello fue fruto del «amor» de Dios

Esta historia ha sido y sigue siendo una historia de «amor».

Y el «amor» te llama a encontrarte con Él en el silencio. No tengas miedo. Simplemente escucha la invitación y permite que la experiencia se de en ti.

«Únete a mí en este instante. Únete a mí en esta hora. Únete a mí en este lugar donde, solamente en él, dos mentes pueden unirse. Pues el cuerpo no puede llevarte adonde yo estoy, así como no puede llevarte adonde tu ser querido esté. Únete a mí, entonces, en el silente lugar de tu Corazón, donde ya se encuentra toda la sabiduría. Únete a mí, entonces, en este instante, en el lugar preparado para nosotros por nuestro Creador, antes de que el tiempo existiera.

Únete a mí, eligiendo ahora permitir que tu atención se retire de las cosas del mundo. Permite que los ojos se cierren suavemente, como un símbolo de tu disposición a dejar a un lado tu implicación con, y

tu apego a, las cosas de este mundo creado. Únete a mí, permitiendo que el cuerpo sea liberado. Y esto solo requiere que no le exijas nada. Ciertamente, déjalo reposar, como si se hubiera convertido de nuevo en el polvo de la tierra de la cual provino.

Únete a mí a medida que permites que disminuya la atención que le prestas al mundo a tu alrededor. Comienza a prestar atención a los pensamientos que parecen correr a través de la mente. Únete a mí dirigiéndote siempre hacia lo más profundo, como si estuvieras permitiendo que tu atención se asiente cada vez más, y más, en el Corazón. Y según los pensamientos parezcan transcurrir por la mente, ¿puedes acaso decir de dónde vienen? ¿Puedes saber adónde van? Surgen en un momento y se borran en el mismo instante, mientras tú continúas renunciando a tu apego a todas las cosas del mundo.

Permanece conmigo aquí.

Soy amado; soy amoroso; soy adorable, para siempre. Esta es la verdad que me hace libre. Soy Lo Que Yo Soy. Mi consciencia no conoce limitación, y todos los mundos surgen dentro de mí. Soy Esa Mente presente en todos los seres, cuando descienden por la escalera y abrazan esa Verdad que es solo verdad siempre. Aquí, hay perfecta paz. Aquí, hay reconocimiento de que nada falta. Aquí está el abrazo de la consumación del Amor que he buscado en todos los lugares equivocados. Solo aquí, habito. Solo aquí, permanezco. Soy Aquel que existe antes de todos los mundos. Esta es la única Verdad sobre mí».

(La vía del Corazón, lección 11)

Agradecimientos

En primer lugar, mi más sincero agradecimiento a todas las personas que leyeron el texto antes de darle la versión definitiva. No solo han sido lectores cero sino compañeros y compañeras en el camino de búsqueda y encuentro en diversos momentos de esta historia.

Muy en especial a quien es actualmente mi pareja y quien más me enseña. Hemos estado en los altos y en los bajos para descubrir que lo mejor no es estar ni en los altos ni en los bajos sino simplemente darnos el permiso para experimentar como deseamos. Muchas gracias a todas aquellas almas que, encarnando un cuerpo físico, me han acompañado y me acompañan en el camino mostrándome aquello que mi alma deseó experimentar en cada momento. A pesar de las emociones que pudieron surgir cuando fueron partícipes activos de la historia, estoy profundamente agradecido por su presencia, pues me condujeron a vivir los momentos profundos en silencio más maravillosos de estos años. Sin ellos, esta historia no sería la misma; sin ellos, mi camino de silencio no habría sido el mismo.

Gracias a Jorge, Reyes y toda la Escuela del Perdón. Al encontraros sentí que se terminó la búsqueda.

Sencillamente, ¡gracias!

Más en:

www.ensilencio.net

Índice